August Karl von Goeben

Das Treffen bei Kissingen am 10. Juli 1866

August Karl von Goeben

Das Treffen bei Kissingen am 10. Juli 1866

ISBN/EAN: 9783744640657

Hergestellt in Europa, USA, Kanada, Australien, Japan

Cover: Foto ©ninafisch / pixelio.de

Weitere Bücher finden Sie auf **www.hansebooks.com**

Aus dem Feldzuge des Jahres 1866.

I.

Das Treffen bei Kissingen

von

A. von Goeben,

königlich preußischem Generallieutenant und Divisions-Commandeur.

Darmstadt & Leipzig.

Eduard Zernin.

1868.

Das

Treffen bei Kissingen

am 10. Juli 1866,

dargestellt

von

A. von Goeben,

königlich preußischem Generallieutenant und Divisions-Commandeur.

Darmstadt & Leipzig.

Eduard Zernin.

1868.

Vorwort.

Die nachstehende Darstellung des Treffens bei Kissingen giebt dasselbe so, wie es auf preußischer Seite aufgefaßt ist. Neben persönlicher Anschauung liegen ihr nur zuverlässigste Angaben solcher Betheiligten zu Grunde, welche in jeder Beziehung in der Lage waren, zu sehen und zu urtheilen.

Der von dem königlich bayerischen General=quartiermeister=Stabe veröffentlichten Beschreibung des Feldzuges gegenüber hat sich, wie das nicht anders möglich, in einzelnen Details Verschiedenheit der Auffassungen geltend gemacht. Wo Zweifel obwalten konnten, ist in dieser Darstellung der bayerischen Auffassung möglichst Rechnung getragen, während andrerseits einige dort vorkommende thatsächliche Irrthümer in Betreff der preußischen Truppen berichtigt worden sind. Wenn aber noch hie und da in den Angaben über die Zeit und selbst über die Folge der Ereignisse Differenzen bestehen, so kann in Bezug darauf nur ausgesprochen werden, daß die betreffenden diesseitigen Angaben das Resultat wiederholter sorgfältigster Prüfung sind.

A. von Goeben.

Die um die Mitte des Monats Juni 1866 aus den Elb-Herzogthümern, aus Westphalen und von Wetzlar her in Hannover und in Kurhessen eingerückten preußischen Divisionen der Generale Frhr. von Manteuffel, von Goeben und von Beyer waren durch die am 29. Juni erfolgte Kapitulation der hannoverschen Armee zu anderweitiger Verwendung disponibel geworden. Im Laufe der Operationen gegen dieselbe in Thüringen vereinigt, setzten sie sich — nunmehr als die Main-Armee bezeichnet — unter dem Oberbefehle des Generals der Infanterie Vogel von Falckenstein schon am 1. Juli aus der Gegend von Langensalza in der Richtung auf Fulda in Marsch, um dem aus den Kontingenten der mit Oestreich verbündeten süddeutschen Staaten zusammengesetzten Bundes-Heere, welchem sich auch die kurhessischen Truppen angeschlossen hatten, entgegen zu treten. Ihre nächste Aufgabe war, die Vereinigung der beiden, jenes Bundes-Heer bildenden und der preußischen Operations-Armee um mehr als das Doppelte überlegenen Heereskörper zu verhindern, um sich demnächst auf den einen oder den andern derselben mit annähernd gleichen Kräften werfen zu können.

Als die Main-Armee den Marsch auf Fulda antrat, zählte sie, nachdem zwei in Cassel als Garnison zurückgelassene Bataillone durch das Infanterie-Regiment Coburg-Gotha ersetzt und zwei reitende Batterien sowie zwei Pionier-Compagnien nebst leichtem Feld-Brückentrain von der Elb-Armee an sie abgegeben, dagegen aber alle während der Verfolgung der Hannoveraner nach Thüringen geworfenen Garde-, Landwehr- und Ersatz-Truppentheile wieder zurückgezogen

1

waren, in ihren drei Divisionen 42 Bataillone, 22 Escadrons, 16 Batterien mit 97 Geschützen, darunter 49 gezogene, und 2 Pionier-Compagnien. Die Aus- rücke-Stärke zum Gefecht aber konnte nach den Ver- lusten von Langensalza und dem sehr viel bedeu- tenderen Abgange an Kranken und Maroden, welchen die mit den bisherigen Operationen verbundenen großen Strapazen herbeigeführt hatten, nur auf höchstens 43,000 Mann berechnet werden.

Dem gegenüber zählte das süddeutsche Bundes- Heer um diese Zeit in dem späterhin noch bedeutend verstärkten 7. Bundes-Corps, dem bayerischen Heere, 46 Bataillone, 44 Escadrons und 18 Batterien mit 136 Geschützen, in dem aus den württembergischen, badischen, hessischen und nassauischen Truppen nebst einer östreichischen Brigade kombinirten 8. Bundes- Corps, die als Garnison nach Mainz verlegten kur- hessischen Truppen nicht mit gerechnet, 46½ Bataillone, 36 Escadrons und 19 Batterien mit 134 Geschützen.

Durch den am 4. Juli von Dermbach aus durch die Division Goeben ausgeführten Vorstoß gegen das bayerische Heer und durch die am folgenden Tage in Erwartung einer Schlacht vorgenommene Konzentrirung der Armee wurde die Bewegung auf Fulda um zwei Tage verzögert. Am 6. aber ward sie wieder auf- genommen, und noch an demselben Tage erreichte die Division Beyer jene Stadt, während die Division Goeben in den rückwärts zu beiden Seiten der Straße gelegenen Dörfern bis nach Marbach hin und das Corps Manteuffel in der Gegend von Hünfeld Kantonnements bezogen. Das gleichzeitig bei der Armee eintreffende Füsilier-Bataillon Lippe- Detmold wurde der Division Goeben zugetheilt.

Die am 6. und 7. Juli eingehenden Nachrichten, so unsicher sie auch im Allgemeinen waren, ergaben doch, daß einerseits das auf dem Marsche zur Ver- einigung mit den Bayern bereits bis in die Gegend von Fulda gelangte 8. Bundes-Corps unter dem Prinzen Alexander von Hessen am 6. den Rück- marsch in der Richtung auf Frankfurt angetreten hatte, und daß sich andrerseits das vom Prinzen Carl von Bayern zur Rettung der Hannoveraner bis an den Thüringer Wald vorgeführte bayerische

Heer nach dem Gefechte bei Dermbach auf Neustadt und Kissingen zurückzog. So war denn das nächste Ziel der begonnenen Operationen erreicht: die fast schon vollbrachte Vereinigung der beiden feindlichen Heereskörper war verhindert; in divergirenden Richtungen gingen sie gegen den Main zurück. Es galt jetzt, den errungenen Vortheil kräftig auszubeuten.

General von Falckenstein beschloß, sich zunächst mit seiner ganzen Macht gegen die Bayern, zu wenden.

Demgemäß wurde die Armee, nachdem ihr in den Kantonnements bei Fulda und Hünfeld ein den Truppen nach sechs, durch Regenwetter und ungenügende Verpflegung erschwerten Marsch- und Gefechtstagen dringend nothwendiger Ruhetag gewährt war, am 8. Juli auf Schweinfurt in Bewegung gesetzt. Erst hinter dem Main erwartete man den Feind zu treffen. Der Marsch bis zu diesem Flusse wurde daher vorläufig nach nachstehendem Tableau festgestellt:

	Div. Beyer.	Div. Goeben.	Corps Manteuffel.
8. Juli.	Schlüchtern.	Döllbach, Motten.	Fulda.
9. „	Bad Brückenau.	Geroda.	Avantgarde StadtBrückenau
10. „	Hammelburg.	Kissingen.	Waldaschach.
11. „	Euerdorf, Schweinfurt.	Schweinfurt.	Kissingen, Oerlenbach.

Die Division Beyer, welche demnach am ersten Tage einen vollen Marsch in der Richtung auf Frankfurt auszuführen hatte und erst am zweiten Tage auf Schweinfurt ausbiegen sollte, erhielt den Befehl, behuf weiterer Täuschung des Feindes auch dann noch auf Gelnhausen zu demonstriren.

Am 8. und 9. Juli wurden die angeordneten Märsche allseitig ausgeführt; bei schlechten Wegen, schlechtem Wetter und in den ärmlichen Gebirgsdörfern trotz weit ausgreifender Requisitionen nur sehr spärlich zu beschaffenden Lebensmitteln waren sie höchst ermüdend. An ersterem Tage kam keine der Divisionen mit dem Feinde in Berührung; am Morgen des 9. Juli aber fanden die weit voraus streifenden Hu-

1*

faren der Division Goeben die Dörfer Platz und
Waldfenster von schwachen, auf höchstens ein Bataillon
und einige Escadrons geschätzten Abtheilungen besetzt,
welche sich Nachmittags beim Herannahen der Avant=
garde nach unerheblichem Scharmützel eiligst auf Kis=
singen zurückzogen.

Die Division etablirte sich dann mit der Brigade
Wrangel in Geroda, Platz und Waldfenster, mit
der Reserve=Brigade Tresckow nebst den Kolonnen
in den Dörfern rückwärts bis Römershag und Rie=
denberg, in Römershag mit den Vortruppen des
Corps Manteuffel zusammentreffend. Die Brigade
Kummer aber wurde mit vier Escadrons Husaren
bis in die Gegend von Poppenroth und Schlimpfhof
vorgeschoben, wo sie angesichts der Nähe des Feindes
zum größten Theile Bivouacs bezog, während die
übrigen Truppen der Division der häufigen und hef=
tigen Regengüsse wegen möglichst unter Dach und
Fach gebracht waren. Gegen Abend stießen die aus=
gesandten Patrouillen bei Thulba wie bei Claushof
auf feindliche Posten.

Die im Laufe des 9. Juli eingehenden Nachrich=
ten über die bayerische Armee waren sehr schwankend.
Aus den Angaben einiger bei Waldfenster gemachten
Gefangenen und aus den Aussagen der Einwohner
ging hervor, daß eine stärkere Truppen=Abtheilung
aller Waffen bei Kissingen eingetroffen war; andrer=
seits stand auch fest, daß viele bayerische Truppen
und namentlich mehrere Kürassier= und Ulanen=Regi=
menter auf Hammelburg marschirt waren. Nach der
Meinung der Einwohner sollte sich selbst die Haupt=
macht, wohl 20,000 Mann stark, nach letzterem Orte
gewendet haben. Noch am Morgen waren aber auch
bei Bischofsheim feindliche Truppen gesehen worden.

Das war Alles, was aus vielen widersprechenden
Meldungen und Aussagen schließlich als ziemlich zu=
verlässig festgestellt werden konnte; es wies allerdings
auf die Möglichkeit eines Kampfes schon an der Saale
statt am Main hin, wo wir ihm bis jetzt entgegen=
gesehen hatten.

Ganz im Gegensatze zu den um jene Zeit in süd=
deutschen Blättern häufig laut gewordenen Auffassungen
und Behauptungen, nach welchen die Main=Armee

einen großen Theil der von ihr errungenen Erfolge
den guten Nachrichten zu verdanken gehabt hätte,
welche sie sich stets zu verschaffen gewußt, stand es
überhaupt vom Anfang bis zum Ende des Feldzuges
in Betreff des Nachrichten-Wesens bei dieser Armee
immer herzlich schlecht. Und es konnte auch bei den
so rapiden Bewegungen nicht wohl anders sein.
Spione, deren Verwendung mehrfach versucht wurde,
erwiesen sich von dem Augenblick an, da die Operationen gegen das süddeutsche Bundes-Heer begannen,
als vollständig nutzlos: ihre Mittheilungen waren bei
dem raschen Vorgehen nothwendig stets veraltet und
also ganz ohne Werth.

So wußten wir denn, abgesehen von dem, was
aus den meistens höchst unbedachten und daher eifrig
durchforschten Notizen der süddeutschen Zeitungen kom-
binirt werden konnte, thatsächlich nur das, was wir
unmittelbar selbst zu übersehen vermochten. Das aber
war freilich weit mehr, als wir den Verhältnissen
nach zu erwarten berechtigt waren, Dank der Kühn-
heit und der unermüdlichen Thätigkeit unserer leichten
Kavallerie: sie hat erreicht, daß die überwältigende
Uebermacht des Feindes in dieser Waffe uns nie fühl-
bar geworden ist.

Der für den 10. Juli erlassene Armee-Befehl
ordnete den weiteren Vormarsch auf Schweinfurt an.
Er bestimmte, daß die Division Beyer, den leichten
Feld-Brückentrain der Division Goeben mit sich führend, nach Hammelburg, daß ferner die Division
Goeben unter Sicherung des Defilé von Euerdorf
nach Kissingen, daß endlich das Corps Manteuffel
mit seiner Avantgarde bis Waldaschach marschire, mit
Gros und Reserve aber rückwärts auf der Straße
von Brückenau bleibe. Das Hauptquartier wurde
nach Kissingen bestimmt.

In der Ausführung erlitt dieser Befehl indessen
einige Abänderungen. General von Manteuffel
erhielt am Morgen des 10. vom Oberbefehlshaber
die mündliche Weisung, den Marsch auf Waldaschach
aufzugeben und statt dessen mit seinem Corps der Di-

vision **Goeben** auf Kissingen zu folgen; die Pionier=
Compagnie aber mit dem Brückentrain setzte sich nicht
auf Hammelburg, sondern auf Kissingen in Marsch.
Von beiden Aenderungen erhielt leider die Division
Goeben durch irgend einen unglücklichen Zufall keine
Kenntniß, so daß die für sie daraus hervorgehenden
Vortheile nicht ausgebeutet werden konnten.

General von **Falkenstein** seinerseits schloß sich,
da sich die Hauptmacht des Feindes den eingegangenen
Nachrichten gemäß nach Hammelburg gewendet zu
haben schien, der dorthin marschirenden Division
Beyer an. Erst gegen Abend traf er in Kissingen
ein.

Die nach dem Armee=Befehle auf Kissingen diri=
girte Division **Goeben** bestand aus 16 Bataillonen,
9 Escadrons urb 31 Geschützen mit 1 Pionier=Com=
pagnie in nachstehender Formation:

25. Inf.=Brigade

Generalmajor v. Kummer.

1. westph. Inf.=Rgt. Nr. 13	. .	Ob. v. Gellhorn.
5. „ „ „ Nr. 53	. .	Ob. v. Trescfow.
1. „ Huf.= „ Nr. 8 4 Escs.		Ob. v. Rantzau.
3. 6pf. Batt. westph. Feld=Artillerie= Regiments Nr. 7	. . . .	Hptm. v. Eynatten I.
4. 4pf. Batt. westph. Feld=Artillerie= Regiments Nr. 7	. . .	Hptm. Weigelt.

26. Inf.=Brigade

Generalmajor Frhr. v. Wrangel.

2. westph. Inf.=Regt. Nr. 15 (Pr. Fr. d. Niederl.)	. . .	Ob. Frhr. v. d. Goltz.
5. westph. Inf.=Regt. Nr. 55	. .	Ob. Stolz.
Füs.=Bat. Lippe=Detmold	. . .	Maj. Rodewald.
2. Esc. 1. westph. Huf.=Regt. Nr. 8		Rittm. v. Cranach.
3. 12pf. Batt. westph. Feld=Artillerie= Regts. Nr. 7		Hptm. v. Eynatten II
3. 4pf. Batt. westph. Feld=Artillerie= Regts. Nr. 7	. . . . .	Hptm. Coester.

Reserve

Generalmajor v. Tresckow.

1. posensch. Inf.=Regt. Nr. 19 . .	Oblt. v. Henning auf Schönhoff.
Westph. Kür.=Regt. Nr. 4 . . .	Ob. v. Schmidt.
3. reit. Batt. westph. Feld=Artillerie= Regts. Nr. 7	Hptm. Metting.
4. Comp. westph. Pion.=Bataillons Nr. 7	Hptm. Vincenz.

Das Husaren=Regiment hatte fünf, das Kürassier=Regiment vier Escadrons; die ersteren wurden je nach den Umständen wechselnd den beiden Infanterie=Brigaden zugetheilt. Die Batterien hatten je sechs Geschütze; nur die Batterie Coester zählte deren sieben, indem sie ein in Hannover gefundenes, einst preußischer Seits zu Versuchen dorthin geliefertes Rohr auf einer Reserve=Lafette mitgeführt hatte.

Die durchschnittliche Stärke für das Gefecht konnte für die Bataillone der vier westphälischen Infanterie=Regimenter auf höchstens 880 Mann, für die Bataillone des posenschen Infanterie=Regiments, welches nicht auf die volle Kriegsstärke gesetzt war, auf kaum 750 Mann berechnet werden, während das erst am 6. Juli zur Armee gestoßene Bataillon Lippe mit etwa 940 Mann in's Gefecht rücken konnte. Die Escadrons waren noch gegen 140 Pferde stark.

Angesichts des erwarteten Kampfes sollte nach dem am Abend des 9. Juli ausgegebenen Divisions=Befehle behuf vorgängiger Konzentrirung der Division die weit vorgeschobene Brigade Kummer erst um 7 Uhr Morgens zum Vormarsch bereit stehen. Durch eine der Zufälligkeiten, wie sie im Kriege so oft vorkommen, wurde indessen der Aufbruch verzögert: eine vom General von Kummer am Morgen früh mit Meldungen in das Divisions=Stabsquartier entsendete Ordonnanz traf dort, da ihr Pferd durch den Verlust eines Eisens lahm wurde, erst nach dem Abreiten des Divisions=Commandeurs ein, der dann in Folge davon die Brigade, welche aus dem innegehabten Terrain spurlos verschwunden schien, lange vergebens aufsuchte, bis er sie endlich nach ihrem äußersten

rechten Flügel hin konzentrirt bei Schlimpfhof auf=
fand.

So kam es, daß die Brigade Kummer erst gegen
8 Uhr Morgens in Marsch gesetzt wurde. Es führte
diese Verzögerung indessen den Vortheil mit sich, daß
ihr nun die inzwischen herangerückte Brigade Wrangel
auf dem Fuße folgte, während die Reserve den Be=
fehl erhielt, von Geroda aus vorläufig bis Alberts=
hausen nachzurücken und die Division in der Richtung
auf Thulba und Hammelburg zu sichern, bis die
Division Beyer dorthin vorgegangen sein würde.

Zwei Straßen boten sich zum Vorgehen auf Kis=
singen dar. Die kürzere und bessere führt über Claus=
hof und durch den Claus = Wald in der Schlucht des
Cascaden = Thales gerade hinunter zum Thal der
Saale, welches sie gegenüber der Saline Friedrichs=
hall erreicht, um sich dann mit scharfer Biegung rechts
hinab längs dem Flusse nach Kissingen zu wenden;
die zweite zieht sich rechts im Bogen um jenen Wald
herum über Schlimpfhof, Albertshausen und Gariz
auf Kissingen, indem sie in das Saale=Thal erst bei
dieser Stadt selbst eintritt. Die einzige seit dem Be=
treten des bayerischen Gebietes vorhandene Karte,
eine veraltete Reduktion der Generalstabs = Karte im
Maßstabe von 1 : 250,000, war für die Beurtheilung
der Terrain=Verhältnisse in der einen und der anderen
Richtung durchaus ungenügend. Dem General von
Kummer war es indessen gelungen, durch Ermitte=
lungen bei intelligenten Einwohnern die aus jener
Karte gewonnenen Anschauungen über die Configu=
ration des vorliegenden Terrains so weit zu ergän=
zen, daß sich das Hinabsteigen zur Saale über Claus=
hof und das Debouchiren bei Friedrichshall einem dort
etablirten Feinde gegenüber wegen des steil zum Flusse
abfallenden und mit Holzung bedeckten Thalrandes
als sehr schwierig darstellte, daß es aber andererseits
möglich erschien, über Gariz in breiterer Front vor=
zugehen, auch die Batterien dort vortheilhaft zu etabliren,
eventuell aber den Feind zu umfassen und auf seine
wahrscheinliche Rückzugslinie auf Schweinfurt zu wirken.

Es waren diese Ermittelungen, über welche der
General von Kummer in der verloren gegangenen
Meldung Bericht erstattet und die ihn veranlaßt hatten,

in Voraussicht der danach zu erwartenden Anordnungen seine Brigade zum Vormarsch gleich auf Schlimpfhof zusammen zu ziehen.

Der Divisions-Commandeur beschloß denn auch, die Division auf Gariß zu führen. Er ertheilte aber zugleich dem General von Wrangel den Befehl, zur Sicherung der linken Flanke zwei Bataillone mit einer halben Escadron auf Friedrichshall zu entsenden mit der Weisung, dort nach Terrain und Sachlage ganz nach eigenem Ermessen zu agiren und, soweit zulässig, von jener Seite her bei einem etwaigen Gefechte mit einzugreifen. Von der Brigade Kummer aber wurde das 1. Bataillon des 13. Infanterie=Regiments unter Oberstlieutenant von Borries mit der 1. Escadron des 8. Husaren=Regiments auf Aura und Euerdorf detachirt, um die dortigen Uebergänge über die Saale zu sichern und die Verbindung mit der auf Hammelburg dirigirten Division Beyer herzustellen.

Es sei hier gleich bemerkt, daß Oberstlieutenant von Borries bei Euerdorf eine augenscheinlich mit ähnlichem Auftrage von feindlicher Seite dorthin gesandte Infanterie=Compagnie nebst einer Escadron Chevauxlegers vorfand, welche sich indessen nach wenigen Schüssen unter Zurücklassung eines Todten zurückzogen.

Die auf Gariß vorgehenden Brigaden Kummer und Wrangel zählten demnach eine jede nur noch fünf Infanterie=Bataillone. Die erstere führte sechs gezogene Sechspfünder und sechs gezogene Vierpfünder, die letztere sieben gezogene Vierpfünder und sechs glatte Zwölfpfünder mit sich. Drei und eine halbe Escadrons Husaren waren ihnen zugetheilt.

Von den mit Tagesanbruch entsendeten und bis auf die zur Saale abfallenden Höhen vorgegangenen Patrouillen war die bestimmte Meldung eingegangen, daß die Stadt und die Brücke stark besetzt seien und daß hinter der Stadt Infanterie und Kavallerie mit vielem Fuhrwerk lagere. Dennoch wurde, da während des Vormarsches keine Patrouille, kein Posten sichtbar waren, kaum noch gehofft, daß der Feind den Angriff abwarte, bis endlich die Spitze, als sie Gariß erreichte, auf einen kleinen, eiligst auf Kissingen zurück=

gehenden Trupp stieß und die zum Rekognosciren
links von der Straße auf die unteren offenen Hänge
des Staffelsberges vorreitenden Generale die feindliche
Stellung vor sich sahen. Es war allerdings in jenem
Augenblick nur zu übersehen, daß die Stadt selbst be=
setzt, daß jenseit derselben auf dem vom Sinnberge
zur Saale flach abfallenden Gelände eine Batterie
aufgefahren war und daß einige kleine Truppen=Ab=
theilungen hie und da in eiliger Bewegung begriffen
waren.

In der That hatte die bayerische 3. Infanterie=
Division im Verein mit dem Reserve=Kavallerie=Corps
an der Saale Stellung genommen, um die für den
10. Juli beabsichtigte Konzentrirung der Armee in der
Gegend von Poppenhausen zwischen Kissingen und
Schweinfurt zu decken: dort gedachte der Prinz Carl
von Bayern den Preußen in günstiger Stellung
entgegenzutreten. Generallieutenant Frhr. v. Zoller,
Commandeur der 3. Infanterie=Division, stand zu die=
sem Zweck mit einem Detachement von 9 Bataillonen
seiner und der 4. Division nebst 12 Escadrons und
16 Geschützen bei Kissingen, General der Kavallerie
Fürst von Thurn und Taxis mit 5 Bataillonen
der 3. Division nebst 16 Escadrons und 20 Geschützen
bei Hammelburg. Auf die Nachricht vom Anmarsch
der preußischen Truppen war ferner die um 8 Uhr
Morgens mit 7 Bataillonen, 3 Escadrons und 8 Ge=
schützen bei Münnerstadt eingetroffene 2. Infanterie=
Division unter Generallieutenant von Feder gleich=
falls auf Kissingen in Marsch gesetzt; schon um zehn
Uhr traf ihre Spitze dort ein.

Außer diesen zur Vertheidigung der an der
Saale genommenen Stellung unmittelbar disponibeln
Truppen befand sich noch die 1. Infanterie=Division
unter Generalmajor Stephan, der 2. folgend, im
Marsch von Neustadt nach Münnerstadt, wo sie um
zehn Uhr anlangte; und die 4. Infanterie=Division
unter Generallieutenant Ritter von Hartmann
stand, der weiteren Befehle gewärtig, mit der Reserve=
Artillerie etwa halbwegs zwischen Kissingen und Schwein=
furt in der Gegend von Pfersdorf, wohin sie am
frühen Morgen von Münnerstadt aus marschirt war.

Das war, abgesehen von kleineren Detachirungen, die Situation der bayerischen Armee zu der Zeit, als die Division Goeben vor Kissingen erschien. Sie war so günstig, daß die ganze Armee mit Ausnahme der nach Hammelburg entsendeten und dort demnächst selbst engagirten Abtheilungen ohne Schwierigkeit in wenigen Stunden in der Gegend von Kissingen ver= einigt sein konnte.

General von Zoller hatte nun von den ihm untergebenen Truppen 5 Bataillone und 2 Compagnien mit 3½ Escadrons und 12 Geschützen unter General= major von Ribaupierre speziell zur Vertheidigung von Kissingen bestimmt, den Generalmajor Graf Pap= penheim aber beauftragt, mit 2 Bataillonen und 4 Compagnien nebst 8½ Escadrons und 4 Geschützen die Saale=Uebergänge bei Friedrichshall, Hausen und Waldaschach zu vertheidigen. Ein Bataillon war vor= läufig in Nüdlingen belassen, wo die Straßen von allen jenen Punkten her zusammentreffen. Von den, wie früher erwähnt, um 8 Uhr bei Münnerstadt an= gelangten Truppen der 2. Infanterie=Division wur= den ferner 3 Bataillone, 1 Escadron und 6 Geschütze auf Kissingen dirigirt, während weitere 3 Bataillone, 2 Escadrons und 2 Geschütze, denen dann noch 14 Geschütze der Reserve=Artillerie folgten, unter General= major von Hanser nach Hausen in Marsch gesetzt wurden. Auch in Münnerstadt ward wieder ein Ba= taillon vorläufig zurückgelassen.

Es waren demnach auf bayerischer Seite bei Kis= singen selbst 8 Bataillone und 2 Compagnien Infan= terie, 4½ Escadrons und 18 Geschütze, bei Fried= richshall und Hausen, welche Ortschaften unmittelbar neben einander liegen, 4 Bataillone und 4 Compag= nien Infanterie, 10½ Escadrons und 20 Geschütze disponibel. Ein Bataillon war in Nüdlingen, eins in Münnerstadt postirt. Ein Bataillon endlich hatte General Graf Pappenheim nach Waldaschach deta= chirt, wohin, wie hier der Vollständigkeit wegen gleich bemerkt sei, von der nach zehn Uhr bei Münnerstadt eingetroffenen 1. Infanterie=Division gegen Mittag noch 1 Bataillon mit 4 Geschützen entsendet wurde.

Das an der Spitze der Brigade Kummer marschirende Füsilier-Bataillon des 5. westphälischen Infanterie-Regiments Nr. 53 ging, in Compagnie-Co-
lonnen formirt, gegen 9½ Uhr Morgens von Garitz
aus längs der Straße vor, welche in der, zwischen
dem Altenburg-Berge und dem Staffelsberge zum
Thal der Saale hinabziehenden Einsenkung nach Kissingen führt. Eine auf den Höhen hinter Kissingen
etablirte feindliche Batterie eröffnete alsbald ihr Feuer
gegen das Bataillon, und gleich das erste Geschoß
schlug in die an der Tete befindliche 11. Compagnie
ein, mehrere Mann niederstreckend. Die Compagnie
aber eilte nur um so rascher vorwärts und der auf dem
diesseitigen Ufer gelegenen Vorstadt zu, wo sie sich in
den der Brücke gegenüber liegenden und vom Feinde
nicht besetzten Häusern festsetzte. Der Bataillons-Com-
mandeur Major von Rosenzweig dirigirte als-
dann die ihr zunächst folgende 12. Compagnie auf
den Altenburg-Berg, während er die beiden letzten
Compagnien längs dem mit Bäumen besetzten Wasser-
laufe im Grunde der Einsenkung gedeckt und ohne
Verlust nach der Vorstadt führte.

Dort fand sich das Bataillon alsbald in ein lebhaftes Feuergefecht mit dem auf dem jenseitigen Ufer
postirten Feinde verwickelt.*

Gleichzeitig mit dem Vorgehen desselben waren
auch die beiden Batterien der Brigade, schon ehe sie
Garitz erreichten, links heraus und auf den unteren
Hang des Staffelsberges vorgezogen, gedeckt durch das
längs der Lisière des Waldes nach der Saale hinab-
steigende 1. Bataillon des 53. Regiments, welchem
das 2. Bataillon in derselben Richtung folgte. Auch
die Batterien wurden beim Auffahren mit Geschütz-
feuer begrüßt und verloren durch dasselbe in den
ersten Minuten einige Leute und Pferde. Bald jedoch beantworteten sie es aus günstiger Position kräftig und mit solchem Erfolg, daß die feindlichen Bat-

---

* In der offiziellen bayerischen Darstellung des Feldzuges ist
S. 80 gesagt, daß die in der Stadt postirte Infanterie um 9 Uhr,
die Artillerie gegen zwei von Garitz aus vorgehende Bataillone
um 9½ Uhr ihr Feuer eröffnet habe. Das ist ein Irrthum:
die Reihenfolge war, wie oben dargestellt, gerade umgekehrt.

terien wiederholt genöthigt waren, weiter zurückzugehen und geschütztere Stellungen aufzusuchen.

Die beiden Musketier=Bataillone des 53. Regiments hatten inzwischen ebenfalls die Vorstadt erreicht und setzten sich neben den Füsilieren in und hinter den Häusern fest. Die beiden Bataillone des 13. Regiments dagegen wurden vom Brigade=Commandeur in zweiter Linie zurückgehalten; doch gelang es auch noch den Schützen des Füsilier=Bataillons sich an dem Feuergefecht zu betheiligen, indem sie sich in den oberhalb der Vorstadt längs der Saale gelegenen Gärten einnisteten.

Es ergab sich nun, daß die eigentliche Stadt Kissingen zur Vertheidigung vorbereitet und stark besetzt war. Die Haupt=Brücke war verbarrikadirt, alle Neben=Brücken waren abgetragen; die von unseren Schützen besetzten Häuser wurden mit einem freilich wenig wirksamen Kugelregen aus den gegenüber liegenden Gebäuden überschüttet. Alsbald zeigte sich, daß auch Geschütze in den Straßen aufgefahren waren, um den Zugang zu der Brücke zu bestreichen: sie feuerten wiederholt, indem sie hinter einer schützenden Ecke rasch hervorgeschoben und nach abgegebenem Schuß wieder zurückgezogen wurden.

Oberst von Tresckow, der Commandeur des 53. Regiments, meldete denn auch sehr bald, daß er die Vorstadt vollständig besetzt habe, daß er jedoch durch den nur auf der verbarrikadirten Brücke passirbaren Fluß verhindert werde, die jenseit desselben gelegene und augenscheinlich von einer starken Truppen=Abtheilung vertheidigte Stadt anzugreifen.

Inzwischen hatte sich über die Stadt hinweg eine lebhafte Kanonade entsponnen, ohne indessen einen irgend erheblichen Verlust für die preußischen Batterien herbeizuführen. Die feindlichen Geschosse, von denen einige, wie früher bemerkt, im ersten Augenblick ziemlich gut gewirkt hatten, schlugen demnächst regelmäßig entweder vor den Batterien oder — und zwar der bei Weitem größeren Anzahl nach — über sie wegsausend in ein weit rückwärts nach Garitz hin liegendes Ackerstück ein, welches vollständig von ihnen aufgewühlt wurde. Vielleicht vermutheten die feindlichen Artilleristen dort hinter deckender Höhe Reserven auf=

gestellt. Vereinzelt flogen die Geschosse auch wohl bis
über die nach Garitz hinabführende Straße hin, die
auf ihr heranziehenden Truppen zu rascherem Schritte
mahnend.

Die Erstürmung der verbarrikadirten Brücke hätte
bei immerhin ungewissem Erfolge jedenfalls sehr große
Opfer erfordert; die Beschießung der Stadt selbst aber
wäre die Vorbedingung eines solchen Angriffs gewesen. Der Divisions-Commandeur beschloß, nur im
äußersten Falle und wenn keine andere Chance des
Erfolgs mehr übrig bliebe, dazu zu schreiten. Er
ließ vielmehr im Hinblick auf die Eigenschaft von Kissingen als vielbesuchter Kurort die Batterien anwei-
sen, ihr Feuer vorzugsweise auf jede, hinter der Stadt
etwa sichtbar werdende Truppe und, sofern solche
nicht vorhanden, auf die dort etablirten Batterien zu
richten, die Stadt aber nicht zu beschießen und auch
die in den Straßen aufgestellten Geschütze unberücksich-
tigt zu lassen.

Zugleich erhielt jetzt der General von Wrangel,
welcher seiner Brigade vorausgeeilt war und sich beim
Divisions-Commandeur auf dem Staffelsberge befand,
den Befehl, rechts von der Brigade Kummer vorzugehen, den jenseit der von Garitz nach Kissingen
führenden Straße steil aufsteigenden Altenburg-Berg
zu besetzen und dort seine Batterien zu etabliren,
dann aber den Fluß unterhalb der Stadt irgendwo
und irgendwie zu überschreiten und dieselbe auf dem
jenseitigen Ufer umfassend anzugreifen. Der Ponton-
Train konnte dafür leider nicht verwerthet werden,
da von seiner Anwesenheit bei der Division nichts
bekannt war. Dem General von Kummer dagegen
wurde Befehl ertheilt, vom diesseitigen Ufer aus zwar
ein ununterbrochenes Feuergefecht mit dem Feinde zu
unterhalten, um dessen Aufmerksamkeit und Thätigkeit
zu fesseln, den Uebergang über den Fluß aber seinerseits nicht eher zu forciren, als bis die Truppen der
Brigade Wrangel nach seiner Ueberschreitung bereits von der anderen Seite her in die Stadt eingedrungen sein würden.

Der Kampf auf dem linken Flügel beschränkte sich
daher fortan auf eine, je nach den sich darbietenden

Objekten mehr oder minder lebhafte Kanonade* und auf ein mehrstündiges Schützengefecht über den Fluß hinüber aus möglichst gedeckter Aufstellung und unter wohl beiderseits sehr unerheblichen Verlusten. Auch die beiden in den Straßen aufgefahrenen feindlichen Geschütze feuerten während desselben mehrfach auf die diesseits besetzten Häuser, ohne indessen ein anderes Resultat als eben nur die Beschädigung der Gebäude zu erreichen.

Schon aber trat auch die Brigade Wrangel in Thätigkeit. Gegen 10½ Uhr mochte es geworden sein, als das an der Spitze der Brigade marschirende 1. Bataillon des 2. westphälischen Infanterie-Regiments Nr. 15 (Prinz Friedr. d. Niederlande), dessen beide anderen Bataillone unter dem Regiments-Commandeur auf Friedrichshall detachirt waren, aus Garitz debouchirte und den lang gestreckten, zur Kuppe des Altenburg-Berges hinanziehenden Rücken erstieg, durch hohes Getreide sich Bahn brechend. Es schob die Schützenzüge zweier Compagnien über die bereits von der dahin dirigirten Compagnie des 53. Regiments besetzte Kuppe vor, welche, mit buschigen Anlagen bedeckt, nach Kissingen hin steil zur Niederung der Saale abfällt. Aus den Häusern der Stadt heftig beschossen, stiegen sie den jenseitigen Hang hinab und vertrieben einige kleine Trupps, welche noch in den Gebüschen der Promenaden steckten und nun über das eiserne Gerippe einer abgetragenen Brücke zurückgingen. Sie setzten sich dann ihrerseits in diesen Promenaden und an der längs dem Fuße des Berges hinziehenden Chaussee nach Hammelburg fest, wo auch sie in ein lebhaftes Feuergefecht mit den in den gegen-

---

* Die Angabe der offiziellen bayerischen Darstellung des Feldzuges — S. 87 —, daß gegen 12 Uhr die preußischen Geschütze „verstummten und den Platz räumten", beruht auf einem Irrthum. Die Batterien haben die ursprünglich eingenommenen Stellungen unverändert inne gehabt, bis das Vordringen unserer Truppen auf Nüdlingen ihrer Thätigkeit ein Ende machte. Wenn sie zeitweise nicht feuerten, so war es, weil sie einerseits dann kein genügendes Objekt in Sicht hatten, sie aber andererseits wegen der äußerst mangelhaften Ausstattung der Main-Armee mit Munitions-Kolonnen auf möglichste Munitions-Ersparung angewiesen waren.

überliegenden Gebäuden steckenden Bayern verwickelt wurden.

Dem Bataillon folgte unmittelbar die gezogene vierpfündige Batterie der Brigade. Sie fuhr am nord=westlichen Abhange des Berges auf und eröffnete aus ihren sieben Geschützen das Feuer auf die feindlichen Batterien, welche sich, verstärkt durch sechs gezogene Geschütze der bayerischen 2. Division, inzwischen neben der nach Nüdlingen und Münnerstadt führenden Straße an den Abfällen des Sinnberges etablirt hatten. Die glatte zwölfpfündige Batterie der Bri=gade konnte dagegen, da auch hierher schon der Be=fehl gelangt war, die Stadt nicht zu beschießen, an=gesichts der großen Entfernung der feindlichen Batte=rien nicht in Wirksamkeit treten. Sie blieb einstwei=len verdeckt hinter der Kuppe stehen.

Der Commandeur des Bataillons, Major von Kaweczynski, hatte sich rasch überzeugt, daß die Ueberschreitung des Flusses auf jener Seite mit den größten Schwierigkeiten und Opfern verbunden sein würde. Von der Höhe aus sah man jedoch unterhalb der Stadt, wohl kaum achthundert Schritte von deren letzten Häusern entfernt, etwas einer Brücke Aehn=liches, welches die beiden Ufer zu verbinden schien. Dorthin dirigirte er die 2. Compagnie, und als der Uebergang sich als wirklich ausführbar erwies, folgte er mit dem Reste des Bataillons, die ursprünglich vorgeschobenen Schützen in der von ihnen der Stadt gegenüber genommenen Position zurücklassend. Es stellte sich heraus, daß dort nahe der Lindesmühle ein schmaler Steg für Fußgänger existirte, der zwar gleich allen anderen Neben=Brücken von den Bayern abgetragen, dessen Tragebalken aber nicht zerstört war und dem man unbegreiflicher Weise selbst das Geländer belassen hatte.

Die Möglichkeit des Uebergangs auf das linke Saale=Ufer war damit gegeben. Hauptmann von dem Bußsche, welcher seine Compagnie im Lauf=schritt zum Stege hinabgeführt hatte, kletterte als der Erste hinüber, ihm folgte einzeln die Mannschaft. Im ersten Augenblick schien der wichtige Punkt vom Feinde ganz unbeachtet zu sein; doch hatten erst wenige Mann das jenseitige Ufer erreicht, als sich Schützen=Gruppen auf den gegenüber liegenden Hängen der Bodenlaube und des Stations-Berges zeigten und die übergehende Truppe beschossen, während auch aus den nächsten Häusern der Stadt das Feuer auf sie eröffnet wurde. Die Bayern hatten sich indessen viel zu entfernt postirt, als daß sie dem Uebergange hätten wirksam entgegen treten können. Hauptmann von dem Bussche führte die ersten auf dem feindlichen Ufer formirten Sektionen an die, einige hundert Schritte von demselben entfernte Chaussee vor und engagirte dort, allmählich die ganze Compagnie heranziehend, ein lebhaftes Feuergefecht, während auch die übrigen Compagnien des Bataillons mit Verlust von einigen Todten und Verwundeten den Fluß nach und nach überschritten, nachdem der Pionier-Zug den Belag des Steges, dessen Material zum Theil zur Errichtung einer Art von Barrikade auf dem jenseitigen Ufer benutzt war, nothdürftig hergestellt hatte.

So war denn — es mochte wohl gegen Mittag geworden sein — auf dem linken Ufer der Saale fester Fuß gefaßt, und es galt nun, den unverhofften Erfolg energisch auszubeuten. General von Wrangel hatte zu diesem Zweck die nächst stehenden Truppen, wie sie zuerst disponibel waren, nach dem Uebergangs-Punkte dirigirt. Zwei Compagnien des Füsilier-Bataillons Lippe, dessen andere Compagnien bereits am Nord-Abhange des Altenburg-Berges nach der Brücke hin vorgeschoben waren, schlossen sich unter Major Rodewald dem Bataillon des 15. Regiments unmittelbar an; ihnen folgte das 1. Bataillon des 6. westphälischen Infanterie-Regiments Nr. 55 unter Oberstlieutenant von Boecking.

Die übrigen Bataillone der Brigade kamen hier nicht mehr in Thätigkeit, da jene Truppen bereits die Entscheidung herbeiführten.

Der Uebergang erforderte, da die Bataillone den Steg Mann nach Mann einzeln zu überschreiten hatten, sehr viele Zeit; es mußte aber erwartet werden, daß der Feind, welcher hier anfänglich nur unbedeutende Streitkräfte entwickelte, schleunigst stärkere Abtheilungen nach diesem so äußerst wichtigen Punkte werfen werde. Nach den bayerischen Berichten war in der That, nachdem am Morgen früh nur zwei Infanterie-Com-

2

pagnien am Stations=Berge aufgestellt waren, nicht nur demnächst auch noch das 6. Jäger=Bataillon mit Ausnahme einer nach Kissingen hineingezogenen Compagnie dorthin gesendet, sondern es folgte demselben ferner nach Ankunft der Truppen der 2. Division das 7. Jäger=Bataillon nach dem Stations=Berge, über die Winterleite vorrückend, während gleichzeitig ein Bataillon des 12. Regiments um die Winterleite herum auf Reiterswiesen dirigirt wurde.

Es war vorauszusehen, daß der Feind solche Maß=regeln ergreifen würde, und daher war jeder Augen=blick kostbar. Major von Kaweczynski handelte dem entsprechend. Die einzelnen Compagnien seines Bataillons und des Bataillons Lippe, sowie sie sich auf dem linken Ufer formirten, und öfter im Drange des Moments auch einzelne Züge und selbst Sektio=nen sandte er je nach dem augenblicklichen Stande der Dinge bald gegen die Bodenlaube und den Stations=Berg vor, wo es sich darum handelte rasch auf den Höhen festen Fuß zu fassen, bald gegen den Eingang der Stadt, wo sich der Feind gleichfalls schnell verstärkt hatte. Die fechtenden Abtheilungen kamen dadurch freilich vielfach durch einander: einige Züge und Halbzüge haben selbst erst am Abend ihre Compagnien wieder aufgefunden, bis dahin der näch=sten kämpfenden Truppe sich anschließend. Die Aus=nahme=Lage aber bedingte auch Ausnahme=Maßregeln, und der glänzendste Erfolg hat sie gerechtfertigt.

Auf allen Seiten ging es kräftig vorwärts. Die in den Holz=Parzellen und Weinbergen steckenden feind=lichen Schützen wurden zurückgeworfen, und als sich dann größere geschlossene Abtheilungen der Bayern oben auf den Höhen zeigten, konnte die bis dahin unthätig hinter der Kuppe des Altenburg=Berges hal=tende zwölfpfündige Batterie in Wirksamkeit treten. Ihr Feuer nöthigte die feindlichen Jäger, rasch Kehrt zu machen. Die Bodenlaube wurde besetzt, während andere Schützen=Trupps auf den Stations=Berg vordrangen.

Da aber wandten sich die bis dahin ihren Schützen auf die Höhen folgenden beiden Compagnien des 15. Regiments unter Hauptmann von Amelunzen angesichts des in Kissingen entbrannten heftigen Kam=pfes gleichfalls der Stadt zu. Diese Schützen jedoch, nur unterstützt durch einen ihnen nachgesandten Zug des Bataillons Lippe, behaupteten sich ohne jeden weiteren Rückhalt oben auf den Höhen. Drei Halbzüge vom 1. Bataillon des 15. Regiments unter dem Premier-Lieutenant von Mayer, dem Lieutenant von Niedel und dem Feldwebel Barmeier und ein Zug nebst einer Sektion vom Bataillon Lippe unter Hauptmann Groskopf haben dort oben, die Flanke und den Rücken der übrigen Truppen deckend, mit nicht genug zu rühmender Tapferkeit und Ausdauer ein stundenlanges hartnäckiges Gefecht gegen einen vielfach überlegenen Feind durchgeführt, bis sie bei dem späteren allgemeinen Vorbrechen der Division sich ihr wieder anschließen konnten. Sie drängten selbst, ihre Schwäche in kühnem Vordringen verbergend, die ihnen auf dem Stations-Berge gegenüber stehenden Bataillone durch Umfassen der linken Flanke derselben allmählich bis auf die Winterleite zurück, während sie zugleich das auf Reiterswiesen detachirte Bataillon, als es bei diesem Dorfe und also in ihrer Flanke und selbst in ihrem Rücken debouchiren wollte, durch Schnellfeuer zurückwiesen.

Die in der offiziellen bayerischen Darstellung des Feldzuges ohne Kenntniß von der Schwäche des Gegners gegebene Erzählung des auf jenen Höhen geführten Kampfes bildet das schönste Ehren-Denkmal für die braven Offiziere und Soldaten der kleinen preußischen und lippischen Abtheilungen, welche ihn siegreich durchgekämpft haben.

Inzwischen waren die vom Major von Kawe-czynski und vom Major Rodewald gegen Kissingen geführten Compagnien, mit denen sich, wie vorhin erwähnt, die beiden ursprünglich nach dem Stations-Berge dirigirten Compagnien des 15. Regiments zu vereinigen eilten, auf mehreren Punkten gleichzeitig stürmend in die Stadt eingedrungen. Ihnen konnte sich das, den Fluß noch unter lebhaftem Feuer aus den Häusern überschreitende erste Halb-Bataillon des 55. Regiments unter Oberstlieutenant von Boecking, dem die beiden anderen Compagnien so rasch wie möglich folgten, noch rechtzeitig anschließen.

Ein erbitterter Straßen- und Häuser-Kampf entspann sich, an dem, als er sich allmählich nach der

2*

Mitte der Stadt hinwälzte, zuerst die auf dem rech=
ten Ufer zurückgelaffenen Schützen vom 15. Regiment
nebst lippiſchen Schützen und dann auch Abtheilungen
des 53. Regiments theilnahmen, die erſteren über das
Gitterwerk der abgetragenen Park=Brücke, die letzteren
über die verbarrikabirte Haupt=Brücke eindringend.
Jede einheitliche Leitung hörte dabei auf; die ein=
zelnen Truppentheile bis zu den Zügen und Halb=
zügen hinab hatten ſich je nach der momentanen Sach=
lage und dem Ermeſſen der Führer ſelbſtändig ihren
Weg zu bahnen und da einzugreifen, wo ihre Mit=
wirkung noththat. So kam es, daß die 2. und 3.
Compagnie des 15. Regiments, welche zuſammen mit
lippiſchen Schützen zuerſt in die Stadt eindrangen,
den weichenden Feinden nach rechts hin folgend, bis
an den nach Nüdlingen hin führenden Ausgang der
Stadt gelangten und ſich dort angeſichts der feind=
lichen Reſerven feſtſetzten, während das weiter rechts
eingedrungene Halb=Bataillon Amelunxen hinter
ihnen weg links hin nach dem Kurgarten vordrang.
Nach lebhaftem Widerſtande des Feindes nahm es ihn
nebſt den anliegenden Gebäuden, worauf die 4. Com=
pagnie durch die Stadt hindurch bis zu dem nördlich=
ſten Ausgange vorging. Und ebenſo gelangte das 1.
Halb=Bataillon Boecking, aber ohne ſeine in die
Altſtadt eingedrungenen Schützenzüge, nach lebhaften
Kämpfen auf anderem Wege an den Ausgang nach
Nüdlingen und vereinigte ſich dort mit den beiden
Compagnien des 15. Regiments, während wiederum
die 1. und die 4. Compagnie jenes Bataillons unter
dem Hauptmann von Below, quer durch die Stadt
bringend, auf den nach dem Sinnberge führenden
Wegen aus ihr heraustraten. Die zuerſt die Brücke
überſchreitenden Abtheilungen des 53. Regiments aber
wandten ſich links in den älteren Stadttheil und hatten
dort noch Kämpfe zu beſtehen, worauf auch ſie dem
Ausgange nach Nüdlingen zueilten, da ihnen von
dort her Gewehrfeuer entgegen ſchallte.
  Die Details aller dieſer Einzel=Kämpfe entziehen
ſich der Darſtellung; ihr Reſultat aber war, daß ſich
die in Kiſſingen befindlichen bayeriſchen Truppen
unter großem Verluſt an Todten, Verwundeten
und Gefangenen ſchließlich nach den öſtlichen Aus=

gängen hin zurückzogen, wohin alle in die Stadt ein=
gedrungenen preußischen Abtheilungen vielfach gemischt
nachdrängten.

Etwa um 1 Uhr Mittags war Kissingen vollstän=
dig genommen. Der Feind aber hatte sich dicht
hinter der Stadt auf beiden Seiten der Straße nach
Nüdlingen wieder gesetzt, auf den dort erhöht liegen=
den und mit Mauern umgebenen Kirchhof gestützt,
welcher zur Vertheidigung eingerichtet und stark be=
setzt war.

Dort entspann sich nochmals ein hartnäckiger
Kampf, an welchem sich unter Führung des Majors
von Boecking vorzugsweise die 2. und 3. Com=
pagnie des 15. und die 2. und 3. Compagnie des
55. Regiments betheiligten, bald unterstützt durch
zahlreiche Schützen aller andern eingedrungenen preu=
ßischen und lippischen Compagnien, welche auf den
Schall des Feuers hinzueilten, und dann auch durch
Compagnien des 53. Regiments. Zugleich drängten
jetzt die auf dem Stations=Berge so tapfer fechtenden
Schützenzüge von dort her gegen die linke Flanke des
Feindes an. So wurden die außerhalb des Kirch=
hofes aufgestellten bayerischen Truppen, welche sich
vergebens durch eine Kavallerie=Attake Luft zu machen
suchten, allmählich zurückgedrängt, und die den Kirch=
hof vertheidigenden Compagnien, in Gefahr abge=
schnitten zu werden, entschlossen sich, denselben zu
räumen. Unter schweren Verlusten brachen sie mit
dem Bayonnet durch die sie schon umfassenden Schützen
in dem Augenblick, als der Kirchhof von der andern
Seite her stürmend angegriffen wurde.

Noch einmal versuchten die Bayern Widerstand zu
leisten, ja sie schienen selbst zur Offensive übergehen
zu wollen und drangen eine kurze Strecke mit Geschrei
vor; doch rasch wurden sie gezwungen, auf Winkels
zurückzuweichen, verfolgt von der 10. und der 12.
Compagnie des 53. Regiments nebst bunt gemischten
Schützen=Haufen, welche sich ihnen anschlossen. Die
10. Compagnie ging längs der Straße, die 12. rechts
hin an den unteren Abfällen der Winterleite vor,
dort mit den auf den Höhen fechtenden Schützenzügen
in Verbindung tretend. Beide aber erhielten, als sie
schon bis in die Nähe von Winkels vorgedrungen

waren, den Befehl, zum Kirchhof zurückzukehren, wo sie den Rest des Bataillons aufgestellt fanden.

Nach der Einnahme von Kissingen war den preußischen Truppen nothgedrungen Halt geboten worden. Die Geschosse der Batterien sauseten zwar fortwährend hin und her über die Stadt weg, von bayerischer Seite jetzt auch wohl einmal in dieselbe einschlagend, und wie auf der Winterleite und an der Chaussee, so schossen sich auch links von letzterer kleine Trupps, welche aus den nordöstlichen Ausgängen von Kissingen auf eigene Faust in der Richtung auf den Sinnberg vorzudringen versuchten, mit den bayerischen Schützen herum. Auch in der Stadt wurden noch hin und wieder aus Häusern oder sonstigen Verstecken einzelne Schüsse abgefeuert, durch welche mehrere preußische Soldaten verwundet wurden. Im Großen und Ganzen aber war ein Stillstand eingetreten, während die Vorbereitungen für die beabsichtigten weiteren Bewegungen getroffen wurden.

Vor Allem mußten, bevor von Neuem zur Offensive vorgegangen werden konnte, die durch den Straßen- und Häuser-Kampf vollständig aus und durch einander gekommenen Abtheilungen möglichst gesammelt und geordnet werden, während die jenseit der Saale gebliebenen Truppen beider Brigaden mit Ausnahme der in ihren guten Positionen belassenen Batterien herangezogen und die schon früher von Albertshausen auf Gariß in Marsch gesetzten Reserven jetzt gleichfalls nach Kissingen beordert wurden. Zugleich wurden die Häuser rasch abgesucht, die Gefangenen zusammengebracht, die zahlreichen Verwundeten in einige größere Gebäude zusammengetragen, Alles freilich im Drange des Moments auf das Nothbürftigste beschränkt. Das Durchsuchen der Häuser namentlich fand mit Rücksicht auf die zahlreichen Kurgäste so oberflächlich statt, daß selbst noch am folgenden Morgen auf preußische Soldaten geschossen wurde und viele Bayern bis nach dem Abmarsch der Division bei den Einwohnern versteckt blieben.

Die Pause wurde von den Commandeuren benutzt, um den durch den Marsch, durch die Anstrengungen des Gefechts und durch die seit dem vorigen Tage an Stelle der Regengüsse getretene Sonnengluth erschöpften Mannschaften vermittelst Requisitionen in Gasthöfen und ansehnlicheren Häusern eine Erfrischung zu verschaffen. Vielfach suchten sich die von ihren Compagnien abgekommenen Soldaten eine solche auch selbst auf, und gewiß gereicht es den braven westphälischen Regimentern zum höchsten Lobe, daß die nach hartnäckigstem Widerstande mit stürmender Hand genommene Stadt unter solchen Umständen nicht mehr zu leiden hatte.

Die Truppen waren in der That zum Theil schon recht ermüdet, und nicht am Wenigsten die gegen 2 Uhr eintreffende Infanterie der Reserve, das 2. posensche Infanterie=Regiment Nr. 19 unter Oberstlieutenant von Henning, welches in achtstündigem Marsch schon drei und theilweise wohl gegen vier Meilen mit dem Tornister auf dem Rücken zurückgelegt hatte. Der Divisions=Commandeur wünschte indessen dieses Regiment, welches eigentlich den Truppen des Generals von Beyer angehörte und der Division Goeben erst seit dem 1. Juli behuf des Ausgleichs der Stärken zugetheilt war, ganz besonders zu berücksichtigen: bei Dermbach war es unthätig in der Reserve geblieben, so sollte es, da man nach schon eingeleiteten Verhandlungen die Nachricht vom Abschlusse eines Waffenstillstandes täglich erwarten durfte, doch dieses Mal jedenfalls an den Feind kommen. Es wurde daher, nachdem es einige Augenblicke geruhet, dem General von Kummer zugewiesen, um es in erster Linie zu verwenden, während zugleich — wohl kurz nach 2 Uhr — an beide Brigade=Commandeure die Befehle zur Wiederaufnahme der Offensive ergingen.

Die Bayern, über welche jetzt durch Aussagen von Gefangenen und Einwohnern sowie durch Mittheilungen preußischer Kurgäste ermittelt war, daß eine Brigade während der Nacht bei Kissingen gestanden hatte und eine Division am Morgen von Münnerstadt herangekommen war, hatten sich, wie vorhin gesagt, bis in die Gegend von Winkels zurückgezogen und dort, etwa 1500 Schritte von Kissingen entfernt, von Neuem Stellung genommen, rechts an den Sinnberg, links an die Winterleite gelehnt. Sie mußten von dort vertrieben werden; die nach Nüdlingen hin vorliegenden Höhen mußten in unserm Besitz sein. Zu diesem Zweck erhielt General von Kummer den Befehl, unter Zurücklassung der beiden Bataillone des 13. Regiments zur Disposition des Divisions=Commandeurs mit dem 19. und dem 53. Regiment längs der Straße vorzubrechen, die feindliche Stellung in der Front anzugreifen und demnächst jene Höhen zu nehmen; dem General von Wrangel aber wurde die Aufgabe, rechts an der Straße längs den Abfällen der Winterleite und auf dem Rücken derselben vorzudringen und möglichst auf die linke Flanke des Feindes zu wirken.

Die Batterien verblieben auch jetzt noch in ihren ursprünglich genommenen beherrschenden Stellungen, von denen aus sie das vorliegende Terrain bis zu jenem abschließenden Höhenzuge übersahen.

Beide Brigaden gingen kräftig und erfolgreich vor. Das 19. Regiment mit fünf Compagnie=Colonnen im ersten Treffen, die übrigen nahe folgend, avancirte, nachdem es im feindlichen Gewehrfeuer die Tornister abgelegt, à cheval der Straße, die Bayern trotz erheblichen Verlustes raschen Schrittes vor sich hertreibend. Das 2. und das Füsilier=Bataillon des 55. Regiments nebst 2 Compagnien Lippe durchschritten ebenso unaufhaltsam das schwierige Terrain rechts von der Straße bis zu den oberen Hängen der Winterleite hinauf, und noch weiter rechts erstieg das 1. Bataillon des 15. Regiments diese Höhe, auf der es mit seinen, jetzt vom Stations=Berge aus bis dahin vorgedrungenen braven Schützen wieder in Verbindung trat. Ueberall wurde der hartnäckig kämpfende Feind geworfen, und gleichzeitig drangen Abtheilungen aller jener Truppen von mehreren Seiten her in Winkels ein.

Das schwache Halb=Bataillon des 55. Regiments unter Oberstlieutenant von Boeding war vom Brigade=Commandeur als Rückhalt an der Chaussee zurückgehalten. Die beiden anderen Compagnien des Bataillons unter dem Hauptmann von Below aber gingen, da sie der Befehl, sich an die Brigade heranzuziehen, nicht rechtzeitig erreicht hatte, zusammen mit Schützen=Trupps vom 15. Regiment und mit lippischen Abtheilungen links von der Straße selbständig gegen

den Sinnberg vor. Sie nöthigten eine am Hange
desselben etablirte Batterie zu eiligem Abfahren;
eine in der Hoffnung, sie noch zu erreichen, isolirt
zu weit voreilende Schützen = Gruppe wurde jedoch
durch eine plötzlich vorbrechende feindliche Escadron
überrascht, und der sie führende Offizier ward nach
tapferer Gegenwehr mehrfach verwundet mit einigen
Mann gefangen fortgeführt, der einzige während des
Feldzuges in Gefangenschaft gerathene Offizier der
Division.

Das Halb=Bataillon war indessen in stetem Vor=
gehen geblieben und griff nun den östlichen Abhang
des mit Reben = Pflanzungen und weiter oben mit
Holzung bedeckten Sinnberges an, während gleichzeitig
das 19. Regiment mit dem sich ihm hier anschließen=
den Bataillon Lippe von Winkels aus gegen den west=
lichen Theil dieses Berges und gegen den Schlegels=
berg vordrang. Doch der Widerstand der Bayern
war jetzt gebrochen. Ihre Infanterie suchte die Höhen
nur noch so lange zu halten, bis die auf eine Straße
angewiesenen Batterien in Sicherheit gebracht waren;
dann zog auch sie sich hinter den Nüblinger Bach ab.
Die ganze Höhenreihe wurde genommen und, als
gerade dann — gegen 3¹/₂ Uhr Nachmittags — der
Befehl einging, über sie hinaus nicht vorzugehen, auf
Befehl des Generals von Kummer vorläufig vom
19. Infanterie=Regiment besetzt.

Die rechts von der Straße vorgehenden Truppen
der Brigade Wrangel waren von Winkels aus in
Folge der Terrain=Gestaltung in zweiter Linie hinter
dem längs der Chaussee rasch avancirenden 19. Regi=
ment zurückgeblieben, als Befehl gegeben wurde, Halt
zu machen. Nur das schon am Vormittage vom
Kriegsglück so hoch begünstigte 1. Bataillon des 15.
Regiments erreichte dieser Befehl nicht. Den äußer=
sten rechten Flügel der Linie oben auf den Höhen
bildend, hatte Major von Kaweczynski nur die
3. Compagnie auf die Winterleite vorgeschoben, von
wo aus sie sich dann nach Winkels wendete, die
übrigen drei Compagnien dagegen unter ihrem Schutze
rechts um diese Höhe herum und auf den Linnenberg
geführt, wobei sich ihm ein Theil der seit dem Mittag
dort oben fechtenden eigenen Schützen und der vom

Bataillon Lippe detachirte Zug unter Hauptmann
Groskopf anschlossen. Er umging dann auch den
weiter vorliegenden Osterberg, überschritt den am jen=
seitigen Fuß desselben und des Schlegelsberges sich
hinziehenden Grund und erstieg, bayerische Tirailleurs
vor sich hertreibend, den auf der anderen Seite des
Grundes unmittelbar südlich von Rüdlingen sich erheben=
den Calvarienberg. In dem Augenblick, als die
Schützen unter Führung des Hauptmanns von Ame=
lungen die flache Kuppe erreichten, fuhren von Rüd=
lingen her bayerische Geschütze auf sie herauf; sie
machten zwar sofort Kehrt, mußten jedoch, lebhaft be=
schossen, ein Geschütz, vor dem mehrere Pferde ge=
tödtet wurden, stehen lassen. Unmittelbar darauf
stürmte ein feindliches Bataillon die Höhe hinan,
um das verlorene Geschütz wieder zu nehmen; durch
das Schnellfeuer der vom Hauptmann von Ame=
lungen in einen deckenden Steinbruch gut postirten
Schützen wurde es indessen trotz der Anstrengungen
seines Commandeurs und seiner Offiziere zurückge=
wiesen. Das Geschütz war erobert.

Major von Kaweczynski sah vom Calvarien=
berge aus, daß die längs der Chaussee vorgegangenen
Truppen Halt gemacht hatten; er sandte einen Ad=
jubanten hinüber, um sie zu gemeinschaftlichem wei=
teren Vordringen aufzufordern, erhielt jedoch vom
Oberstlieutenant von Henning die Antwort, daß er
Befehl habe, über den Rüdlinger Bach hinaus
nicht vorzugehen. Da nun der Feind starke Tirailleur=
Schwärme gegen seine Stellung entsendet hatte, sie
auch nach rechts hin zu umfassen drohte, entschloß sich
Major von Kaweczynski, auch sein isolirtes Häuf=
lein zurückzuführen. Nach Zurückschaffung der Ver=
wundeten schlug er, vom Schützen= und Artillerie=
Feuer des Feindes verfolgt, den Weg ein, auf dem
er gekommen war, das genommene Geschütz mit sich
führend. Dasselbe schlug indessen an einem Abhange
um und zerbrach dabei eine Achse, weshalb es für
den Augenblick vollends in die Tiefe hinab gerollt
und dort belassen wurde, bis es demnächst durch ein
Detachement abgeholt werden konnte.

Als die beiden Brigaden von Kissingen aus gegen
die von den Bayern bei Winkels genommene Stellung

vorbrachen, erschallte plötzlich von der Seite von Fried=
richshall und Waldaschach her starker und andauern=
der Kanonendonner. Noch war keine Meldung von
den auf ersteren Ort detachirten Bataillonen einge=
gangen: sie konnten vom Feinde bedrängt sein; es
konnte aber auch das auf Waldaschach dirigirte Corps
Manteuffel dort im Kampf begriffen sein. Um rasch
klar zu sehen und eventuell seinerseits eingreifen zu
können, befahl der Divisions=Commandeur dem Gene=
ral von Treskow, mit dem kurz vorher bei Kif=
fingen eingetroffenen westphälischen Küraffier=Regiment
Nr. 4 und der reitenden Batterie längs der Saale
vorzugehen. Er schob zugleich drei Escadrons Hu=
saren unter Oberst von Rantzau rechts von den
Küraffieren in das wellenförmige Gelände vor, wel=
ches sich vom Sinnberge aus zur Saale hinabzieht
und ließ ihnen wiederum die beiden bei Kiffingen
zurückbehaltenen Bataillone des 13. Infanterie=Regi=
ments folgen. •

General von Treskow meldete sehr bald, daß
Oberst von der Goltz, der Commandeur des auf
Friedrichshall entsendeten Detachements, nach lebhaf=
tem Gefechte bei diesem Orte stehe, den Fluß jedoch
nicht überschreiten könne, da die Brücke abgebrochen
sei, und etwas später, daß Hausen so eben von der
Avantgarde des Corps Manteuffel besetzt sei, welche
indessen nicht weiter vorgehe, auch keine Verstärkungen
erwarte. Der Feind sei kurz vorher von beiden
Punkten abgezogen. Der Kanonendonner hatte schon
aufgehört, während die Küraffiere vorgeholt wurden.

So war es denn zweifellos, daß der Feind auf
allen Punkten im Rückzuge begriffen war; nach Münner=
stadt schien er sich zu wenden.

Dem Divisions=Commandeur waren aber inzwischen
weitere Nachrichten zugegangen, welche ihn trotz der
errungenen Erfolge zu großer Vorsicht nöthigten. Es
war ihm, wie früher erwähnt, schon bekannt, daß am
Morgen eine starke Brigade der bayerischen 3. Divi=
sion bei Kiffingen gestanden und daß sich dann die
2. Division mit ihr vereinigt hatte. Jetzt erhielt er
die zuverläffige Mittheilung, daß am Morgen starke
Truppen Maffen aller Waffen, und darunter nament=
lich eine sehr zahlreiche Artillerie, auf dem die Saale

vom Main scheidenden Höhenrücken etwa halbwegs
zwischen Kissingen und Schweinfurt gesehen waren;
sie wurden auf wenigstens eine Division geschätzt.
Und gleichzeitig ging die Meldung ein von den Kämpfen der auf der Bodenlaube und dem Stations-
Berge zurückgelassenen Schützenzüge und daß sie den
Versuch eines feindlichen Bataillons, bei Reiterswiesen
zu debouchiren, zurückgewiesen hatten.

Angesichts dieser Thatsachen mußte sich das Be-
denken aufdrängen, daß die Lage der Division sehr
schwierig werden mußte, falls, wie es unter den ob-
waltenden Verhältnissen nicht wohl bezweifelt werden
konnte, die da oben so nahe — nicht über 1½ Meilen entfernt — stehenden Truppen auf Kissingen und
also in die Flanke und in den Rücken der Division
vorgingen. Ja, das bei Reiterswiesen erschienene
Bataillon konnte wohl als Vortruppe derselben gelten.
Die Lage wurde aber um so schwieriger, je weiter sich
die Division von der Saale entfernte.

Diese Erwägungen veranlaßten den Divisions-
Commandeur zu dem Entschluß, dem weichenden Feinde
nicht weiter zu folgen.

Zunächst wurde demgemäß den beiden Brigade-
Commandeuren der Befehl ertheilt, nicht über den
Abschnitt von Nüdlingen hinaus vorzugehen. Es wurde
ferner angeordnet, daß General von Wrangel, dessen
Batterien durch Kissingen vorgezogen wurden, mit den
Truppen seiner Brigade und dem 19. Infanterie-
Regiment nebst drei Escadrons Husaren am Sinnberge
und Schlegelsberge Stellung nehme, General von
Kummer dagegen das 53. Infanterie-Regiment nach
Kissingen zurückführe und sich dort etablire. Oberst
von Gellhorn aber erhielt Befehl, sofort das 2.
Bataillon des 13. Infanterie-Regiments nebst einer
Escadron Husaren auf der Straße nach Schweinfurt
bis Arnshausen vorzuschieben mit der Weisung, sich
in der Gegend von Arnshausen und Reiterswiesen
festzusetzen und starke Husaren-Patrouillen in der Richtung auf Schweinfurt möglichst weit vorzutreiben.
Mit diesem Bataillon sollte ein vom Detachement
Wrangel zur Sicherung seiner rechten Flanke auf
Reiterswiesen zu entsendendes Bataillon in Verbindung
treten. Das Füsilier-Bataillon des 13. Infanterie-

Regiments endlich wurde bis an die Süd-Ausgänge der Stadt zurückgenommen, um zu schleuniger Unterstützung der auf der Straße nach Schweinfurt vorgeschobenen Truppen disponibel zu sein.

Zugleich wurde dem General von Treskow der Befehl gesandt, das Kürassier-Regiment nebst der Batterie gleichfalls nach Kissingen zurückzuführen.

Diese Maßregeln waren getroffen, als General von Manteuffel, seinem Corps vorausgeeilt, in Kissingen eintraf. Er theilte dem General von Goeben mit, daß der Marsch auf Walbaschach aufgegeben und seine Avantgarde zwar nach Hausen, das Gros aber auf Kissingen beordert sei, wo es jedoch nach sehr starkem Marsch erst gegen Abend eintreffen könne.

General von Treskow seinerseits hatte, nachdem die Verbindung mit den bei Friedrichshall und Hausen stehenden Truppen hergestellt war, das eine Gelegenheit zum Kampf ersehnende Kürassier-Regiment mit der reitenden Batterie nördlich vom Sinnberge vorgehen lassen, wo es mit dem über diese Höhe vorgedrungenen Halb-Bataillon Below in Berührung trat. Das Gefecht war hier im Allgemeinen bereits zum Abschluß gelangt, wenn auch noch immer und namentlich nach dem rechten Flügel hin die beiderseitigen Schützen hie und da auf einander feuerten. Beim Anrücken des Kürassier-Regiments eröffneten indessen die hinter Nüdlingen etablirten feindlichen Batterien ihr Feuer auf dasselbe, ohne aber irgend eine Wirkung zu haben, wiewohl die Geschosse mehrfach zwischen die Escadrons hinein schlugen. Die reitende Batterie fuhr ihnen gegenüber auf, und es entspann sich eine lebhafte Kanonade, die jedoch bald, da bei der großen Entfernung für die glatten Geschütze ein entsprechendes Resultat nicht zu erwarten war, ohne Verlust abgebrochen wurde.*

General von Treskow selbst war inzwischen mit einer Patrouille über die Hegmühle nach der Höhe am Hundsbrunnen zum Rekognosciren vorgeritten.

---

* Die Angabe der bayerischen Darstellung des Feldzugs S. 108 und später, daß zwei preußische Batterien auf der Höhe des Sinnberges aufgefahren seien, beruht auf einem Irrthum. Nur die sechs Geschütze der reitenden Batterie waren zu jener Zeit an Ort und Stelle.

Von dort aus sah er ein nach dem Dorfe Haard zurückmarschirendes feindliches Bataillon, welchem auf einige hundert Schritte vier Bagage = Wagen folgten. Er warf sich auf dieselben, machte die sie begleitenden Mannschaften zu Gefangenen und ließ die Pferde fortführen, während die Ladung der stehen geblie= nen Wagen, theilweise aus Brod bestehend, demnächst den in Hausen postirten Truppen zu gute kam. Der General führte darauf das Regiment und die Batterie nach Kissingen zurück.

Der Kampf dieses Tages schien beendet, und da= mit richtete sich für den Augenblick alle Sorge der Führer darauf, den erschöpften Truppen bald Ruhe zu schaffen und ihre dringendsten Bedürfnisse möglichst zu befriedigen. Auch General von Wrangel, indem er das 19. Infanterie=Regiment vorläufig in der auf dem Schlegelsberge und dem Sinnberge genommenen Stellung beließ, traf alle Vorkehrungen, um seine Truppen für die Nacht zu etabliren.

In der Nähe von Winkels sollte das Bivouac eingerichtet werden. Wenige Truppen freilich waren zur Stelle: Das 1. Bataillon des 15. Infanterie= Regiments war noch im Vorgehen nach dem Calvarien= berge; das Halb=Bataillon Below stand mit Allem, was sich ihm angeschlossen hatte, am West=Abfall des Sinnberges, von wo es, seit Stunden ohne Kunde von seinem Regiment, demnächst, dem Küraffier=Regi= ment sich anschließend, nach Kissingen zurückmarschirte; auch die 8. Compagnie des 55. Infanterie=Regiments war beim letzten Vorgehen vom Bataillon abgekom= men und links hin nach dem Sinnberg vorgegangen; endlich fehlten Züge und Halbzüge vom Füsilier= Bataillon Lippe=Detmold. So war noch nach Stun= den neben der Kavallerie und Artillerie nur das Füsi= lier=Bataillon des 55. Regiments vollzählig da, wäh= rend nach allen Vermißten mit Besorgniß geforscht wurde.

Gleichzeitig mußten die Bagagen herangezogen, mußte das auf dem Altenburg=Berge abgelegte Ge= päck herbeigeschafft werden, und Commandos wurden ausgesandt, um irgendwie Lebensmittel, wo möglich Brod, das immer fehlende und immer schmerzlichst vermißte, mindestens aber einige Stück Vieh anzu=

schaffen, da auf die Ankunft der, in der Regel auch sehr schwach ausgestatteten Proviant-Kolonne an einem solchen Tage nicht sobald zu rechnen war.

Das Dorf Winkels war ganz den Verwundeten überlassen, deren allein das 19. Regiment gegen neunzig verloren hatte. Von allen Seiten wurden sie dorthin getragen, Preußen und Bayern; und auch da wieder mußte für alles ihnen Nothwendige gesorgt werden, da im Dorfe selbst fast nichts vorhanden war.

So schwanden die nächsten Stunden rasch dahin.

General von Wrangel hatte befohlen, daß das 2. Bataillon des 55. Regiments nach zweistündiger Rast das 19. Regiment ablöse und für die Nacht die Vorposten beziehe. Es setzte sich demgemäß, die 8. Compagnie gleich am Sinnberge belassend, nach 5 Uhr in Marsch; der Commandeur Major von Gotzkow war schon vorher zum Rekognosciren nach vorn geritten. Eine halbe Stunde später kam dieser Offizier zum Brigade-Commandeur mit der Meldung zurückgeeilt, daß sich der Feind hinter Nüdlingen bedeutend verstärke und daß seine Bewegungen auf einen beabsichtigten Angriff hinzuweisen scheinen.

Es war in der That so. Die bayerische 1. Infanterie-Division unter Generalmajor Stephan war, nachdem sie 1 Bataillon und 4 Geschütze zur Verstärkung des Postens von Waldaschach detachirt hatte, nach dreistündiger Rast in der Stärke von 9 Bataillonen, 4 Escadrons und 10 Geschützen von Münnerstadt auf Kissingen weiter marschirt und, durch zurückgehendes Fuhrwerk der im Gefecht begriffenen Truppen sehr aufgehalten, mit ihrer Spitze um 4 Uhr Nachmittags hinter Nüdlingen eingetroffen. Ihre Batterien, deren eine bereits gegen die preußische reitende Batterie mit in Thätigkeit kam, fuhren zusammen mit denen der 2. und der 3. Division auf den Höhen östlich vom Dorfe auf, wo dann auch die Infanterie ihren Aufmarsch ausführte, während die Truppen der übrigen Divisionen dagegen ihren Abzug fortsetzten. Nur 4 Bataillone der Division Feder blieben bei der Division Stephan zurück.

Auch die auf der Straße nach Schweinfurt stehende 4. Infanterie-Division unter Generallieutenant Ritter von Hartmann hatte von dem selbst bei Kissingen

anwesenden Prinzen Carl von Bayern den Befehl erhalten, auf diese Stadt zu marschiren. In
Folge von Irrungen, durch anderweitig ihr zugehende
und später eintreffende Weisungen veranlaßt, kam dieser Befehl jedoch nicht zur Ausführung. Die Division verblieb bei Oerlenbach, und die erwartete Mit-
wirkung derselben bei der von der 1. Division unter-
nommenen Offensive blieb aus.

Obgleich ein bevorstehender feindlicher Angriff um
so weniger wahrscheinlich erschien, da vom 19. Regiment keinerlei Meldung eingegangen war, ließ General
von Wrangel dennoch die zwölfpfündige Batterie
unter Bedeckung einer Escadron Husaren im Trabe
nach der Front hin vorgehen. Kurz nachher gab er
auch noch dem Füsilier-Bataillon des 55. Regiments,
dem einzigen vollständigen Bataillon, welches disponibel war, den Befehl, sich nach der Stellung des 19.
Regiments hin in Marsch zu setzen.

Die Batterie fuhr rechts von der Straße am
Schlegelsberge auf und ward alsbald in einen leb-
haften Geschütz-Kampf mit den überlegenen feindlichen
Batterien verwickelt.

Der General ritt demnächst, da das Gewehr- und
das Geschütz-Feuer nach vorn hin von Augenblick zu
Augenblick zunahmen, selbst zum 19. Regiment vor,
während er einen Adjudanten zum Divisions-Commandeur mit dem Ersuchen um Unterstützung entsendete.
Derselbe wurde indessen mit dem Bescheid zurückge-
schickt, daß der General mit acht Bataillonen und zwei
Batterien in so starker Stellung einem jeden so spät
am Tage erfolgenden Angriff vollständig gewachsen
sei, indessen über die beiden bei Friedrichshall stehenden Bataillone seiner Brigade, wenn nöthig, verfügen
könne.

Jene starke Stellung aber war schon nicht mehr
in seinem Besitz, und ihm blieb in der kritischen Lage,
in die er sich dadurch plötzlich versetzt sah, auch nicht
die Zeit, um die ihm zugewiesenen Bataillone heran-
ziehen zu können.

Als der Oberstlieutenant von Henning, der
Commandeur des 19. Infanterie-Regiments, vom Gene-
ral von Kummer angewiesen wurde, den Nüblinger
Bach nicht zu überschreiten und auf den diesseitigen

Höhen die Befehle des Generals von Wrangel
und die Ankunft der den Vorpostendienst übernehmen=
den Truppen abzuwarten, da gab er seinerseits den
in erster Linie vorgedrungenen fünf Compagnien den
Befehl, die Lisière des die Höhe bedeckenden Gehölzes
zu besetzen und, sofern sie schon weiter vorgegangen,
bis an dieselbe zurückzukehren. Er postirte dann die
6. Compagnie an die Chaussee und die 11. links da=
von dem Ausgange von Nüdlingen gerade gegenüber,
mit der 1. und 7. hinter ihnen als Soutiens; die
beim Vorgehen über den Sinnberg dirigirte 10. Com=
pagnie sollte dort auf dem äußersten linken Flügel
Stellung nehmen.

Weitere Sicherungs = Maßregeln wurden nicht ge=
troffen, weil man glaubte, in jedem Augenblick die in
Aussicht gestellte Ablösung erwarten zu können.

Die 10. Compagnie war indessen, energisch vor=
dringend, den zurückgehenden bayerischen Schützen von
der Höhe hinab gefolgt; sie hatte die Hainmühle be=
setzt und ihre Schützen noch über sie hinaus vorge=
schoben. Da von den übrigen Compagnien nichts
sichtbar wurde, beschloß der Compagnie=Chef, dort das
Vorgehen derselben abzuwarten, um sich ihnen dann
anzuschließen. Nach langem Halt, während dessen
die reitende Batterie mit den inzwischen auf den jen=
seitigen Höhen aufgefahrenen bayerischen Batterien
Kugeln wechselte, wobei sich herausstellte, daß der Ab=
hang, den die Compagnie hinabgestiegen war, jetzt
von letzteren vollständig bestrichen wurde, überbrachte
endlich ein Unteroffizier den oben bezeichneten Befehl
des Regiments = Commandeurs: drei Viertel Stunden
lang hatte er die Compagnie auf dem Sinnberge
gesucht.

Bei der jetzt so sehr gefährdeten Rückkehr über den
offenen Abhang glaubte der Compagnie=Chef von der
sofortigen Ausführung des Befehls absehen zu dürfen;
er sandte den Unteroffizier mit der Meldung zurück,
daß er vorläufig bei der Mühle stehen bleiben werde.
Und als er dann nach abermaligem langen Warten
eine preußische Truppe von dem Calvarienberge nach
Nüdlingen hinabsteigen sah, entschloß er sich in dem
Gedanken, daß das Regiment, von dem er seit Stun=
den nichts gesehen, eine Bewegung nach rechts hin

gemacht habe, auch seinerseits nach dem Dorfe hin vorzugehen.

In Nüdlingen fand er jedoch nur einen kleinen Schützen-Trupp vom 1. Bataillon des 15. Regiments unter dem Lieutenant von Riebel, welcher nach den Kämpfen auf dem Stations-Berge und der Winterleite nach Winkels und dann über den Osterberg bis zum Calvarienberg vorgedrungen war, ohne das inzwischen schon zurück marschirte Bataillon zu treffen. Dieser schloß sich nun der Compagnie an, und sie waren im Begriff, auch die obere Hälfte des Dorfes zu besetzen, als dasselbe plötzlich von mehreren bayerischen Batterien mit Geschossen überschüttet wurde, während gleichzeitig starke Schützen-Schwärme von den jenseitigen Höhen herabstiegen: die Division des Generals Stephan ging mit sieben Bataillonen zum umfassenden Angriff gegen Nüdlingen vor.

Die Compagnie und der Zug, dessen Führer schwer verwundet ward, mußten das Dorf mit Verlust räumen; die Compagnie wurde aber dabei nach Süden hin auf den Calvarienberg gedrängt, von dem sie bis auf den Schlegelsberg zurückging, so daß sie sich nun auf dem äußersten rechten Flügel der Stellung statt auf dem ihr zugewiesenen linken befand.

Dieser linke Flügel war demnach vollständig von Truppen entblößt, ohne daß der Regiments-Commandeur irgend eine Kenntniß davon erhielt: die Vorgänge in Nüdlingen sind von den übrigen Vortruppen nicht beachtet oder nicht gemeldet. Die Folge davon aber war, daß, während die an der Chaussee und gegenüber dem Ausgange des Dorfes postirten Compagnien dem nach Besetzung desselben auf dieser Seite vordringenden Feinde entgegen traten, drei bayerische Bataillone unter Generalmajor von Steinle den Bach weiter unterhalb überschreiten, den Sinnberg ungehindert und selbst unbeobachtet ersteigen und schließlich die hinter der Höhe sorglos lagernden Truppen überraschend angreifen konnten.

Die das Gros des 19. Infanterie-Regiments bildenden sieben Compagnien waren unmittelbar hinter dem Kamm der Höhe auf beiden Seiten der Straße verdeckt aufgestellt; die 2. Compagnie hatte der Regiments-Commandeur, da feindliche Schützen in der

Richtung auf den Schlegelsberg vorgingen und er nicht wußte, daß die 10. Compagnie jetzt dort stand, nach rechts hinaus vorgezogen, wogegen die 1. zum Gros zurückgenommen wurde. Neben der Infanterie hielt die mit der Batterie vorgekommene Escadron Husaren. General von Wrangel besprach hier mit dem Oberstlieutenant von Henning die zur Siche= rung der Stellung etwa noch zu ergreifenden Maß= regeln, als ihm der Batterie=Chef meldete, daß er gezwungen sei abzufahren, da er nicht nur in der Front sondern auch vom Sinnberge her Infanterie= Feuer erhalte. Ihm wurde die Unmöglichkeit dieser Thatsache entgegen gehalten, da sich dort kein Feind befinde, als plötzlich von dem nahen waldbedeckten Hange her ein lebhaftes Feuer auf die hier ruhenden Truppen selbst eröffnet wurde.

Im ersten Augenblick herrschte Verwirrung, noch dadurch vermehrt, daß ein Theil der Husaren, als General von Wrangel der Escadron befahl auf Winkels zurückzugehen, davon und durch die ihnen zunächst stehenden Compagnien hindurch jagte. Dem energischen Eingreifen des Oberstlieutenants von Henning gelang es indessen rasch, die Ordnung so weit herzustellen, daß eine regelmäßige Feuerlinie ge= bildet wurde und er, da der General ihm befahl den Feind zu vertreiben, zwei Compagnien gegen den Wald vorgehen ließ. Sie waren indessen zu schwach, um ihre Aufgabe zu erfüllen, und wurden mit Ver= lust gegen Winkels hin zurückgeworfen.

Auch die am jenseitigen Abhange postirten drei Compagnien waren, nachdem sie schon seit längerer Zeit gegen die durch Rüdlingen und seitwärts vom Dorfe vorgehenden feindlichen Bataillone ein hart= näckiges Feuergefecht geführt, jetzt vom Sinnberge aus umfaßt und wurden unter großem Verlust zum Rückzuge gezwungen. Die 11. Compagnie wurde nach dem Schlegelsberge hinüber gedrängt, von der 6. und der 7., deren beide Führer fielen, gelangte ein kleiner Theil der Mannschaft zum Gros, während der Rest gleichfalls nach dem Schlegelsberge hin auswich. Dort nahmen die 2. Compagnie unter Hauptmann Herwarth von Bittenfeld und die zum Beziehen der Vor= posten eingetroffene 6. Compagnie des 55. Regiments

3*

unter Hauptmann von Webelstädt, dem andrängen=
den Feinde energisch entgegen tretend, die Weichenden
auf und ermöglichten es dem Hauptmann von Lesz=
czynski, dem Chef der 11. Compagnie, welcher selbst
schwer verwundet wurde, sie wieder zu sammeln und zu
fernerem Kampf zu ordnen. Der Schlegelsberg wurde
dadurch behauptet.

Auch die abfahrende Batterie war eine Zeit lang
auf das Höchste gefährdet. Da ihr die Straße ver=
sperrt war, mußte sie ihren Weg an dem zerklüfteten
Ost=Abfall des Schlegelsberges hinab suchen und ge=
langte, gedeckt und unterstützt durch Abtheilungen des
2. Bataillons des 55. Regiments und des Bataillons
Lippe=Detmold, auf Fußpfaden nur unter den größten
Schwierigkeiten endlich bis zu der Stellung, welche
General von Wrangel inzwischen von den wenigen
noch disponiblen Truppen bei Winkels hatte einneh=
men lassen. Sie fuhr dort neben der gezogenen
Batterie auf, um im Verein mit ihr den auf dem
Sinnberge stehenden Feind zu beschießen.

Oberstlieutenant von Henning aber hatte sich
endlich entschließen müssen, den fünf Compagnien,
welche er noch bei sich hatte, angesichts der großen
Verluste, welche sie durch das beherrschende Feuer des
am Rande des Gehölzes so günstig postirten Feindes
erlitten, den Befehl zum Rückzuge zu geben. Gedeckt
durch das bis nahe an sie heran gerückte Füsilier=
Bataillon des 55. Regiments konnten sie ihn unver=
folgt ausführen.

Dieses Bataillon hatte seinen Vormarsch vollständig
gedeckt in einem der Chaussee parallel laufenden und
einige hundert Schritte von ihr entfernten Ravin be=
werkstelligt, welches von der alten Straße gebildet
war. Als nun die Compagnien des 19. Regiments
auf Winkels zurückwichen, führte Oberstlieutenant von
Rex drei Compagnien im Laufschritt an die Chaussee
vor und setzte sich dort fest, etwa zweihundert Schritte
von der vom Feinde besetzten Wald=Lisière entfernt.
Eine Compagnie ließ er als Reserve im Ravin zu=
rück. In einem hartnäckigen und verlustreichen Feuer=
gefecht behauptete das Bataillon diese Stellung, bis
die Batterie gesichert war; es blieb selbst unerschüttert,
als die erste von der gezogenen Batterie abgefeuerte

Granate in die 9. Compagnie einschlug und einen
Fähnrich, einen Feldwebel und neun Mann todt nie=
derstreckte und als dann auch noch die nächsten Ge=
schosse unmittelbar vor dem Bataillon platzten. Der
weit vorgestreckte rechte Flügel war für eine bayerische
Truppe gehalten. Eine feindliche Abtheilung aber,
welche aus dem Gehölz in die rechte Flanke des Ba=
taillons vordrang, wurde von der aus dem Ravin
vorbrechenden 11. Compagnie in entschlossenem An=
griff zurückgejagt.

Erst als auch die auf dem Schlegelsberge kämpfen=
den Compagnien theilweise zurückgedrängt wurden und
das Bataillon nunmehr auch im Rücken Feuer erhielt,
ordnete der anwesende Regiments=Commandeur Oberst
Stolz den Abzug an, der dann in jenem Ravin
compagnieweise ausgeführt wurde, ohne daß der Feind
gewagt hätte nachzudrängen.

General von Wrangel war während dieser Zeit
beschäftigt, alle zurückgehenden Truppen irgendwie in
die bei Winkels genommene Aufnahme=Stellung ein=
zuordnen, als ihm die ihn auf die eigenen Kräfte
verweisende Antwort des Divisions=Commandeurs zu=
ging. Die beiden Bataillone aus Friedrichshall heran=
zuziehen war nicht mehr möglich. So beschloß er
denn, mit den Truppen, welche zur Stelle waren,
selbst die Offensive zu ergreifen, um dem Feinde die
erlangten Vortheile wieder zu entreißen.

Noch immer fehlten das Bataillon Kaweczynski,
das Halb=Bataillon Below und die bei ihnen be=
findlichen Züge und Halbzüge der andern Bataillone;
auch die vier Compagnien fehlten, welche auf dem
Schlegelsberge standen und über deren Schicksal man
nichts wußte. Es war also außer dem jetzt langsam
zurückkommenden Bataillon Rex kein vollständiges
Bataillon da, und zugleich waren die verschiedenen
Truppentheile aus einander gerissen und, so wie sie
gerade bei Winkels eingetroffen waren, durch einander
geworfen, so daß Compagnien des 55. Regiments
und Compagnien Lippe=Detmold auf dem rechten wie
auf dem linken Flügel und sie wieder mit Compagnien
des 19. Regiments zusammen standen.

Doch jeder Augenblick war kostbar, denn der Abend
war nahe. General von Wrangel ließ „das Ganze

avanciren!" blasen, und dem von allen Seiten wieder=
holten elektrisirenden Signale folgend, gingen alle
diese unvollzähligen Häuflein mit schlagenden Tam=
bours und mit lautem Hurrah! wetteifernd vorwärts,
während das Bataillon Re x, sobald es das Signal
hörte, Halt machte und sich dann mit Jubel der avan=
cirenden Linie anschloß. Mit Mühe konnte der Gene=
ral, um doch einen kleinen Rückhalt zu haben, das
Halb=Bataillon B o e c k i n g im zweiten Treffen zurück=
halten.

Der Feind empfing die anstürmenden Bataillone
mit einem Hagel von Geschossen. Major R o b e w a l d,
der brave Commandeur des Bataillons Lippe= Det=
mold, fiel an der Spitze seiner Truppe, dem General
v o n W r a n g e l wurde das Pferd getödtet, und vom
Sturz betäubt, mußte er das Commando dem Oberst
S t o l t z überlassen. Doch unaufhaltsam ging Alles
vorwärts. Der Feind ward zunächst vom Schlegels=
berg dann nach hartnäckigem Widerstande auch vom
Sinnberg vertrieben: mit einbrechender Dämmerung
war der Höhenzug wieder vollständig im Besitz der
preußischen Truppen, und der Feind zog sich unter
Zurücklassung seiner Todten und Verwundeten jenseit
Rüdlingen zurück.

Der glänzendste Erfolg hatte den kühnen Entschluß
des Führers und die Tapferkeit und Ausdauer der
Truppen gekrönt; einen wesentlichen Antheil an die=
sem glücklichen Abschlusse des Kampfes vom 10. Juli
aber hatten unzweifelhaft die auf dem Schlegelsberge
fechtenden Compagnien des 19. und des 55. Infanterie=
Regiments, indem sie, von vier Bataillonen ange=
griffen und obwohl schließlich in beiden Flanken um=
gangen, trotz großer Verluste die wichtige Position
behaupteten, bis der Feind durch die wieder vordringende
Brigade zum Abzuge genöthigt wurde. Die Offensive
der Bayern wurde dadurch vollständig gelähmt, da
ihre Streitkräfte nach dem freilich schwer verständ=
lichen Abmarsche fast aller nicht der 1. Infanterie=
Division angehörenden Truppen wohl nicht ausreich=
ten, um vom Sinnberge aus noch weiter vorzugehen,
so lange der Schlegelsberg im Besitz preußischer Trup=
pen blieb und fast die Hälfte der ganzen Infanterie
der Division beschäftigte.

Das 1. Bataillon des 55. Regiments bezog nunmehr die Vorposten; es wurde jedoch um Mitternacht durch ein vom General von Manteuffel mit Rücksicht auf die Erschöpfung der Truppen des Generals von Wrangel zur Disposition gestelltes Bataillon seines Corps abgelöset. In Kissingen aber war dieses mehrstündige blutige Schluß-Gefecht trotz seiner Nähe so ganz unbemerkt geblieben, daß selbst der Divisions-Commandeur erst durch die mit der Bitte um Zuweisung eines frischen Vorposten-Bataillons übersandte Meldung über den zurückgeschlagenen Angriff der Bayern Kunde davon erhielt, daß ein solcher wirklich stattgefunden.

———

Es bleibt noch das Gefecht zu schildern, welches die beiden auf Friedrichshall detachirten Bataillone des 15. Infanterie-Regiments — seit Mittag in Gemeinschaft mit Truppen des Corps Manteuffel — dort zu bestehen hatten.

Schon früher ist erwähnt, daß von der Division des Generals von Zoller unter dem Befehle des Generalmajors Graf Pappenheim nach Friedrichshall 1 Jäger-Bataillon, nach Hausen 4 Compagnien, nach Waldaschach 1 Bataillon Infanterie detachirt waren; hinter ersterem Orte waren noch 2 Kavallerie-Regimenter und 4 Geschütze aufgestellt. Um Mittag aber trafen ferner 3 Bataillone der 2. Infanterie-Division mit 2 Escadrons und 16 Geschützen unter Generalmajor von Hanser hinter Hausen ein, während ein Bataillon der 1. Infanterie-Division mit 4 Geschützen nach Waldaschach rückte.

Als der Oberst Freiherr von der Goltz, der Commandeur des 15. Infanterie-Regiments, um $10^1/_2$ Uhr Vormittags im Cascaden-Thal zur Saale hinabstieg, fand er sowohl die auf dem jenseitigen Ufer lang hingestreckten Grabirwerke und sonstigen Gebäude von Friedrichshall und Steinhof wie auch das unmittelbar daneben liegende Dorf Hausen nebst Kloster stark mit Infanterie besetzt. Auf der Höhe weiter rückwärts war eine Batterie etablirt; die Brücken über den Fluß waren abgebrochen. Da die

Hänge des steil abfallenden Thalrandes und ebenso
die zwischen seinem Fuß und der Saale in der Breite
von etwa zweihundert Schritten sich hinziehenden Wiesen
in wirksamster Weise von dem Feuer der bayerischen
Jäger beherrscht wurden, mußte sich der Oberst damit begnügen, zwei Compagnien des Füsilier-Bataillons
auf beiden Seiten der Straße bis an die Lisière des
den Thalrand bedeckenden Gehölzes vorgehen und
sich dort festsetzen zu lassen. Zugleich schob er eine
Compagnie rechts hin nach der Seite von Kissingen,
eine andere links hin gegen Hausen vor, die letztere
mit dem Auftrage, so weit vorzugehen, daß sie den
Fluß-Uebergang bei diesem Dorfe unter Feuer nehmen könne. Ihr folgte später eine Compagnie des
2. Bataillons als Soutien.

Ein mehrstündiges Feuergefecht entspann sich nun,
in welches auf bayerischer Seite auch die Geschütze,
wiewohl ohne erhebliche Wirkung, mit eingriffen;
ebenso betheiligte sich an demselben das in Hausen
stehende Bataillon, von dem selbst zwei Compagnien
nach den dem Dorfe zunächst gelegenen Gebäuden der
Saline hinüber geschoben wurden. Der Natur der
Dinge nach konnte dabei, da ein unpassirbarer Fluß
die Kämpfenden trennte, kein anderes Resultat heraus-
kommen als eine Anzahl Todter und Verwundeter auf
beiden Seiten.

Auch die um Mittag erfolgte Ankunft des seinen
Truppen mit einer Escadron und einer Batterie vor-
ausgeeilten Generallieutenants Freiherrn von
Manteuffel konnte die Situation nicht ändern.
Er überwies allerdings dem Oberst von der Goltz
zwei gezogene Geschütze, welche indessen der Terrain-
Gestaltung nach nur auf der Chaussee selbst placirt
werden konnten und schon nach wenigen Schüssen
gegenüber dem alsbald gegen sie konzentrirten feindlichen Feuer wieder zurückgenommen werden mußten.

Wohl drei Stunden lang hatte sich das Gefecht
ohne Entscheidung hingezogen, als um 2 Uhr Nachmittags plötzlich eine feindliche Kolonne von Hausen
auf Friedrichshall marschirend sichtbar wurde: der mit
den oben bezeichneten Verstärkungen eingetroffene
General von Hanser hatte sich, während er ein
Bataillon nach Hausen hinein warf, in Folge einer

Aufforderung des Generals von Zoller entschlossen, die beiden andern zu dessen Unterstützung auf Kissingen zu führen und dafür den kürzesten Weg, den über Friedrichshall, gewählt. Die Füsiliere richteten natürlich, sobald das vorderste der beiden Bataillone aus dem Schutz der Gebäude hervortrat, ihr Feuer ausschließlich auf dasselbe; die Compagnien stockten, begannen das Feuer zu erwidern und schoben sich dann, anstatt den Marsch fortzusetzen, zwischen die in Friedrichshall stehenden Jäger ein, so daß das allmählich ruhiger gewordene Feuer sich von Neuem belebte.

Das nachfolgende Bataillon wandte sich nun zwar, um dem zu entgehen, von der Straße links ab den Höhen zu; es wurde aber auch dorthin von dem Schützenfeuer der Füsiliere verfolgt und schließlich auch noch von der gerade ihr Feuer eröffnenden Batterie, welche General von Manteuffel jetzt gegenüber Hausen etablirt hatte, beschossen, so daß es in Unordnung bis gegen den Sinnberg hin zurückging.

Inzwischen war aber nach der Einnahme von Kissingen auch den in Friedrichshall und Hausen stehenden bayerischen Truppen der Befehl zugegangen, sich nach Nüdlingen zurückzuziehen. Gegen $2\frac{1}{2}$ Uhr sahen die längs dem Thalrande eingenisteten Füsiliere die Bayern plötzlich in unregelmäßigen Haufen aus beiden Orten die rückwärtigen Höhen hinaufsteigen: ein wirksames Schnellfeuer der ganzen Linie verfolgte die Abziehenden. Oberst von der Goltz aber befahl sofortiges allgemeines Nachdringen, und die Compagnien stürzten sich, durch ein letztes lebhaftes Feuer des weichenden Feindes nicht aufgehalten, über die Wiesenfläche nach dem Ufer der Saale hinab. Durch Schwimmer wurde ein am jenseitigen Ufer entdecktes Boot herübergeholt, welches die ersten acht Mann über den Fluß trug; sie waren gerade übergesetzt, als das von Kissingen her vorgehende Kürassier-Regiment eintraf.

Mittelst herbeigeschaffter Leitern wurde dann eine Art Brückensteg hergestellt, bis demnächst der gleichfalls auf Friedrichshall marschirte Ponton-Train den Uebergang der Bataillone vermittelte.

An dem Abend-Gefecht der Brigade Wrangel nahmen sie leider nicht Theil. Da das Kanonen-

und das Gewehr-Feuer in der Richtung nach Nüblingen hin nie ganz aufgehört hatte, wurde das Gefecht anfangs wenig beachtet; später aber, als es
zweifellos wurde, daß der Feind im Vorgehen war,
schickte Oberst von der Golß, indem er die Bataillone unter die Waffen treten ließ, starke Rekognos-
cirungs-Patrouillen aus, welche indessen mit der Meldung zurückkehrten, daß der vorgedrungene Feind
schon wieder abziehe. Sie selbst hatten Gelegenheit
gefunden mit bayerischen Patrouillen einige Schüsse
zu wechseln.

Général von Manteuffel hatte, als er sich
überzeugte, daß auch die Artillerie bei Friedrichshall
die Lage der Dinge nicht zu ändern vermochte, beschlossen, sich gegen Hausen zu wenden. Dorthin
führte er unter Zurücklassung zweier Geschütze die
übrigen vier seiner Batterie nebst der gleichfalls vor-
gezogenen Batterie der Avantgarde des Corps, während er die letztere ebenfalls dorthin beorderte. Gedeckt durch die gegen Hausen vorgeschobene 10. Compagnie des 15. Regiments gingen die zehn Geschütze
durch den Klosterwald bis auf den Salzberg vor und
fuhren dort in dem Augenblick auf, als die Bayern
dem auch ihnen zugegangenen Befehle gemäß ihren
Abzug aus der Stellung von Hausen bewerkstelligten.

Sie eröffneten sofort das Feuer auf die in Marsch-
Kolonnen theils auf Nüblingen und theils auf Haard
zurückgehenden Truppen, worauf auch zwei bayerische
Batterien mit vierzehn Geschützen schleunigst wieder
auffuhren und den Kampf aufnahmen. Eine wohl
halbstündige Kanonade entspann sich, während deren
die preußischen Geschütze jedoch ihr Feuer vorzugsweise auf die von der Saline und von Hausen ab-
ziehende Infanterie richteten.

Gegen 3 Uhr Nachmittags traten die bayerischen
Batterien, da sich von Friedrichshall her preußische
Schützen näherten, den weiteren Rückzug an, während
ungefähr zu gleicher Zeit Hausen von der Infanterie
der Avantgarde unter Generalmajor von Freyhold
besetzt wurde. Diese blieb dann dort stehen und betheiligte sich auch ihrerseits nicht an dem Abend-Gesecht.

Endlich fand auch noch bei Waldaschach ein Zu-
sammenstoß mit dem Feinde statt. Das Gros des

Generals von Manteuffel detachirte dorthin zur Sicherung seiner linken Flanke während des Marsches auf Kissingen das Füsilier-Bataillon des 1. rheinischen Infanterie-Regiments Nr. 25 unter Oberstlieutenant von Cranach. Als dasselbe Nachmittags 5 Uhr vor Waldaschach eintraf, hatten die dort stehenden bayerischen Truppen gerade den Abmarsch angetreten: ein Bataillon ging direkt auf Münnerstadt zurück, das zweite schlug dagegen, da der einzige dorthin führende fahrbare Weg nicht mehr sicher zu sein schien, mit den vier Geschützen die auf dem rechten Ufer der Saale nach Neustadt führende Straße ein. Nur der Nachtrab eines jeden der beiden Bataillone wechselte noch einige Kugeln mit den Vortruppen des Füsilier-Bataillons.

Als dieses darauf den Ort besetzte, traf es in der Mitte desselben mit einem neuen Feinde zusammen: eine detachirte Compagnie hatte nicht rechtzeitig herangezogen werden können und eilte nun, ihrem auf Neustadt marschirenden Bataillone zu folgen, während dessen Commandeur voraussetzte, daß sie sich dem anderen Bataillone angeschlossen habe.

Die Compagnie versuchte sich Bahn zu brechen, ward aber nach kurzem Kampf mit Verlust von etwa 40 Mann an Todten, Verwundeten und Gefangenen in die Flucht gejagt; doch gelang es ihr schließlich, die Saale auf den Balken der abgebrochenen Brücke von Bocklet zu überschreiten. Der Verlust des Füsilier-Bataillons bestand in nur zwei Verwundeten.

General von Falckenstein ordnete angesichts der auf allen Punkten siegreichen Gefechte des Tages am 10. Juli Abends für den folgenden Tag den Marsch auf Schweinfurt an. Das Corps Manteuffel brach um 6 Uhr Morgens von Kissingen auf, von wo aus ihm die jetzt zur Reserve bestimmte Division Goeben um 11 Uhr folgen sollte, während die Division Beyer, welche auch ihrerseits die ihr gegenüber stehenden bayerischen Truppen bei Hammelburg geschlagen hatte, von dort aus ebenfalls auf Schweinfurt dirigirt wurde.

Die eingehenden Meldungen ließen es indessen zweifelhaft erscheinen, wohin sich die Hauptmacht der Bayern gewendet habe. Die bei Nüblingen stehenden Truppen waren in der Nacht von dort abgezogen; die entsendeten preußischen Patrouillen aber fanden eine starke feindliche Abtheilung auf den Höhen diesseit Münnerstadt gefechtbereit aufgestellt. Andrerseits meldete das nach Arnshausen vorgeschobene Detachement, daß die bayerische 4. Division noch immer bei Oerlenbach stehe. Unter diesen Umständen wurde dem General von Manteuffel Befehl ertheilt, sich zu vergewissern, wo der Feind sei, und dann seinerseits ebendorthin zu marschiren; die Division Beyer wurde angewiesen, dem Corps Manteuffel zu folgen, sei es auf Schweinfurt oder auf Münnerstadt. Die Division Goeben wurde einstweilen bei Kissingen festgehalten.

So wurde es in Ungewißheit und Ungeduld Mittag. General von Manteuffel hatte Oerlenbach erreicht, die Cavallerie bis Poppenhausen vorgeschoben, von wo sich der Feind auf Schweinfurt zurückzog; er meldete, daß keine bayerischen Truppen von Münnerstadt her in jener Richtung marschirt seien und daß er nach erfolgtem Abkochen auf Schweinfurt marschiren werde. In Folge davon wurde ihm für den Fall eines Gefechts die Division Beyer zur Disposition gestellt.

Da traf gegen 2 Uhr Nachmittags die Feldpost ein. Sie überbrachte ein am 9. Juli abgesandtes Telegramm des Chefs des Generalstabes der Armee General von Moltke, welches, chiffrirt und in der ersten Hälfte unverständlich, in der zweiten aussprach, daß für die voraussichtlichen Waffenstillstands = Verhandlungen auf Grundlage des status quo die faktische Okkupation der Länder nördlich vom Main jetzt politisch wichtig sei.

Die militärischen Interessen wiesen entschieden auf Schweinfurt hin: dort konnte die Main = Armee die errungenen Vortheile bis zur gänzlichen Niederlage des isolirten und von seiner Rückzugslinie abgedrängten bayerischen Heeres zu vervollständigen hoffen. Unter den in dem Telegramm bezeichneten Verhältnissen aber mußte sich der Blick des Feldherrn auf Frankfurt

richten, diese Stadt vor Allem mußte in unserem Be=
sitz sein. Der Rechtsabmarsch wurde beschlossen.

Jeder Augenblick war kostbar: vor acht und vier=
zig Stunden schon war jenes Telegramm abgesandt, so
konnte jeder Tag den gefürchteten Waffenstillstand
bringen. Schon um 3 Uhr setzte sich die Division
Goeben auf Hammelburg in Marsch, während dem
Corps Manteuffel der Befehl zuging, nach der
Gegend von Gelbersheim zu marschiren, und die Di=
vision Beyer angewiesen wurde, da, wo der Befehl
sie treffe, sich für die Nacht zu etabliren.

So war das Kriegsglück wiederum der Division
Goeben hold: nach den Kämpfen an der Saale
vom Oberbefehlshaber zur Reserve bestimmt und als
solche bei Kissingen zurückgehalten, bildete sie eben
dadurch beim Rechtsabmarsch die weit vorgeschobene
Avantgarde der Armee. Am 12. Juli bis Lohr ge=
langt, überstieg sie am 13. den Spessart und rückte,
nachdem sie durch die Gefechte bei Laufach und bei
Aschaffenburg das Bundes=Corps des Prinzen Alexan=
der von Hessen genöthigt hatte, das rechte Ufer
des Main zu räumen, unter der Führung des Gene=
rals von Falckenstein am Abend des 16. Juli in
Frankfurt ein.

Die Beilage I. ergiebt, nach den einzelnen Truppentheilen gesondert, die Verluste der Division Goeben im Treffen bei Kissingen. Sie belaufen sich danach auf

10	Offiziere	133	Mann	22	Pferde tobt
25	„	671	„	3	„ verwundet
1	„	57	„	1	„ vermißt

Sa. 36 Offiziere 861 Mann 26 Pferde.

Davon fallen auf die beiden bei Friedrichshall fechtenden Bataillone 4 Offiziere und 63 Mann.

Von den Vermißten sind der Offizier und, soweit bekannt geworden, 31 Mann, zum Theil schwer verwundet, in feindliche Gefangenschaft gerathen.

Die Verluste der Bayern bei Kissingen, Friedrichshall und Hausen werden dagegen offiziell angegeben auf

9	Offiziere	89	Mann	33	Pferde tobt
36	„	544	„	66	„ verwundet
6	„	530	„	8	„ vermißt

Sa. 51 Offiziere 1163 Mann 107 Pferde.

Der davon auf die bei Friedrichshall und Hausen gestandenen Truppen fallende Antheil kann diesseits nicht genau festgestellt werden, da einzelne Abtheilungen sowohl bei Kissingen wie bei Friedrichshall am Kampfe betheiligt waren. Nach ungefährer Berechnung mögen etwa 8 Offiziere, 115 Mann und 30 Pferde auf jene beiden Punkte fallen.

Unter den Gefallenen befand sich der Generallieutenant Freiherr von Zoller, Commandeur der 3. Infanterie-Division; verwundet wurden Generallieutenant Freiherr von der Tann, Chef des

Generalstabes der Armee, und Generalmajor Graf
zu Pappenheim.

Von den Vermißten sind die 6 Offiziere mit mehr
als 500 Mann unverwundet in Gefangenschaft ge=
rathen. Es geht daraus hervor, daß die zahlreichen
in Feindes Hand gefallenen bayerischen Verwundeten
nicht, wie dieses in Betreff der gleichen Kategorie in
der preußischen Verlustliste geschehen ist, unter die
Zahl der Vermißten aufgenommen sind.

Der preußische Verlust an Todten und Verwun=
deten war im Gegensatz zu dem in allen übrigen Ge=
fechten des Feldzuges stattgehabten Verhältniß bei
Kissingen bedeutend größer als der der Bayern. Die
angegriffene Stellung war allerdings sehr stark und
die Vertheidigung war eine hartnäckige; ganz unver=
hältnißmäßig gesteigert aber wurde der Verlust durch
das Gefecht, welches das Detachement Wrangel am
Abend in der ungünstigsten Situation gegen die baye=
rische Division Stephan zu bestehen hatte. Bis da=
hin war der Verlust der Bayern auch an Todten und
Verwundeten erheblich größer als der der Preußen
gewesen trotz aller Nachtheile, mit welchen diese zu
kämpfen gehabt hatten.

Wohl fast die Hälfte des ganzen Verlustes, wel=
chen die auf Kissingen selbst dirigirten Truppen der
Division erlitten, darf auf dieses, von nur etwa der
Hälfte derselben bestandene und nicht ganz drei Stun=
den dauernde Abend=Gefecht gerechnet werden. Auch
das 2. und das Füsilier=Bataillon des 55. Infanterie=
Regiments haben dabei große Verluste gehabt; am
Schwersten hat jedoch das 19. Infanterie = Regiment,
welches zu der überraschenden Besetzung des Sinn=
berges durch den Feind die Veranlassung gegeben
hatte, unter den Folgen derselben gelitten. Während
sein Verlust bei dem glänzenden Vordringen von Kis=
singen aus bis auf die Höhen des Sinnberges und
des Schlegelsberges nur 1 Offizier und 90 Mann
betrug, büßte es in dem Abend=Gefecht nicht weniger
als 9 Offiziere und 213 Mann ein.

Diese Zahlen gewinnen aber an Bedeutung noch
dadurch, daß die Bataillone dieses Regiments an
Offizieren wie an Mannschaft so sehr viel schwächer
waren als die übrigen Bataillone der Division.

Die Beilage II. ergiebt den Munitions-Verbrauch der Truppen der Division Goeben.

Die Zahl der von der Infanterie verschossenen Patronen ist danach auch in diesem Gefechte eine über=raschend geringe gewesen. Ganz im Gegensatz zu den bayerischen Truppen, in Bezug auf welche in der offiziellen Darstellung des Feldzuges wiederholt her=vorgehoben wird, daß sich — sowohl bei Kissingen wie bei Friedrichshall — Bataillone verschossen hatten, ist bei den mit dem Zündnadel=Gewehre bewaffneten Bataillonen nirgends auch nur annähernd das Bedürf=niß der Munitions=Ergänzung eingetreten. Bei Fried=richshall, wo sich das bayerische 5. Jäger=Bataillon „gänzlich verschossen hatte" und wo neben ihm noch die vier in Hausen stehenden Compagnien des 11. Regiments vom Anfang an, zum Schluß aber auch noch ein Bataillon des 10. Regiments am Feuer=gefecht theilnahmen, haben dem gegenüber die beiden Bataillone des 15. Infanterie=Regiments zusammen nur 7668 Patronen verbraucht!

Auch bei dem Füsilier=Bataillon des 19. Regi=ments aber, welches die größte Anzahl Patronen ver=schossen hat, blieb der Verbrauch doch noch weit unter der Hälfte der von den Mannschaften des Bataillons mitgeführten Munition.

Die Artillerie hat im Verhältniß zu der Dauer des Gefechts ebenfalls sehr wenig Munition verschossen: bei der Schwierigkeit des Ersatzes war den Batterie=Chefs möglichste Sparsamkeit zur Pflicht gemacht. Auffallend gering ist auf beiden Seiten die Wirkung der gezogenen Batterien gegen einander gewesen; die große Entfernung, in welche sich die bayerischen Bat=terien alsbald nach dem Auffahren der preußischen zurückzogen, wird wesentlich zu diesem Resultate bei=getragen haben.

Namentliches Verzeichniß des Verlustes der Division Goeben an Offizieren.

Gefallen:

Sec. Lieut.	Delius	} v. 1. Westph. Inf.-Reg. Nr. 15.
„ „	Lindner	
Hauptmann	Halm	
„ „	v. Zwehl	v. 2. Pos. Inf.-Reg. Nr. 19.
Pr. Lieut.	v. Uthmann	
Sec. Lieut.	Metze II	
„ „	Michaelis	v. 6. Westph. Inf.-Reg. Nr. 55.
„ „	Brzosowski	
Port. Fähnr.	v. Rex	
Major	Rodewald,	Com. des Füs.-Bat. Lippe-Detmold.

Verwundet:

Sec. Lieut.	v. Wurmb	
„ „	v. Riedel	
Port. Fähnr.	v. Schellersheim	v. 1. Westph. Inf.-Reg. Nr. 15.
„ „	v. Hiddessen	
„ „	Frhr. v. Eberstein	
Major	v. Drigalski	
Hauptmann	v. Leszczynski	
Pr. Lieut.	Lettgau	v. 2. Pos. Inf.-Reg. Nr. 19.
Sec. Lieut.	v. Pfannenberg	
„ „	v. Bentivegni	
„ „	Schultze	
Hauptmann	Schalle	
Sec. Lieut.	Buich	v. 5. Westph. Inf.-Reg. Nr. 53.
„ „	v. Goelingb	
Hauptmann	Lueders	
„	Johannes	
Pr. Lieut.	Frhr. v. Blomberg	
„ „	Westphalen	
„ „	Plewig	
Sec. Lieut.	Heymons	v. 6. Westph. Inf.-Reg. Nr. 55.
„ „	v. Bock u. Polach I.	
„ „	Detmer	
Port. Fähnr.	Lessing	
„ „	Poelmahn	
„ „	v. Bock u. Polach;	

Vermißt:

Sec. Lieut.	v. Papen	v. 6. Westph. Inf.-Reg. Nr. 55.

Verluste

der Division Goeben im Treffen bei Kissingen.

Truppentheile	Todte			Ver- wundete.			Ver- mißte.			Total- Verluste.		
	Offiz.	Mann.	Pferde.	Offiz.	Mann.	Pferde.	Offiz.	Mann.	Pferde.	Offiz.	Mann.	Pferde.
Stab der 26. Inf.-Brigade	—	—	1	—	—	—	—	—	—	—	—	1
1. Westph. Inf.-R. Nr. 13, 2. Bataillon	—	1	—	—	10	—	—	—	—	—	11	—
Füs. „	—	1	—	—	4	—	—	—	—	—	5	—
2. Westph. Inf.-R. Nr. 15, 1. „	—	15	—	3	59	—	—	6	—	3	80	—
2. „	—	3	—	—	17	—	—	—	—	—	20	—
Füs. „	2	7	—	2	36	—	—	—	—	4	43	—
2. Posensch. Inf.-R. Nr. 19, 1. „	1	7	—	4	69	—	—	13	—	5	89	—
2. „	2	15	5	—	93	—	—	6	—	2	114	5
Füs. „	1	18	—	2	71	—	—	11	—	3	100	—
5. Westph. Inf.-R. Nr. 53, 1. „	—	2	—	1	20	—	—	—	—	1	22	—
2. „	—	6	1	—	30	—	—	1	—	1	37	—
Füs. „	—	4	—	1	37	—	—	—	—	1	41	—
6. Westph. Inf.-R. Nr. 55, 1. „	1	6	4	—	56	—	1	13	—	6	75	—
2. „	—	11	3	—	57	—	—	3	—	1	71	—
Füs. „	2	24	—	4	71	—	—	4	1	6	99	1
Füsilier-Bataillon Lippe-Detmold	1	11	1	—	32	1	—	—	—	1	43	2
Westph. Kür.-Reg. Nr. 4												
1. Westph. Hus.-Reg. Nr. 8	—	—	1	—	—	1	—	—	—	—	—	2
Westph. Feld-Art.-R. Nr. 7, 3. 12pf. Batt	—	—	—	—	1	—	—	—	—	—	1	—
3. 6pf. „	—	2	7	—	4	1	—	—	—	—	6	8
3. 4pf. „												
4. 1pf. „	—	—	7	—	4	—	—	—	—	—	4	7
3. reit. „												
Summa	10	133	22	25	671	3	1	57	1	36	861	26

Bemerkungen.

1) In vorstehender Uebersicht sind berechnet

als todt nur Diejenigen, welche im Gefecht selbst gefallen oder doch am Tage des Gefechts ihren Wunden erlegen sind,

als verwundet alle im Gefecht Verwundete, auch wenn sie nach dem Gefechtstage an den Wunden gestorben sind, mit Ausnahme der in feindliche Gefangenschaft Gerathenen,

als vermißt alle in Gefangenschaft Gerathenen, auch wenn sie verwundet waren, und diejenigen Mannschaften, welche vermißt sind, ohne daß ihr Tod hätte constatirt werden können.

2) Diejenigen Portepeefähnriche, welche etatmäßige Offizierstellen inne hatten, sind auch als Offiziere und nicht, wie z. B. in den Tabellen des statistischen Bureaus, als Unteroffiziere gezählt. Es sind ihrer einer getödtet, sechs verwundet.

Munitions-Verbrauch

der Division Goeben im Treffen bei Kissingen.

Truppentheile.	Inf.-Patronen.	Granaten.	Shrapnels.	Bemerkungen.
1. Westph. Inf.-R. Nr. 13, 2. Bataillon	—			
Füs. "	1,050			
2. Westph. Inf.-R. Nr. 15, 1. "	15,080			
(Pr Friedr. b. Niederl.) 2. "	2,008			
Füs. "	5,660			
2. Posensch. Inf.-R. Nr. 19, 1. "	8,540			
2. "	13,950			
Füs. "	17,449			
5. Westph. Inf.-R. Nr. 53, 1. "	2,934			
2. "	4,465			
Füs. "	8,686			
6. Westph. Inf.-R. Nr. 55, 1. "	5,490			
2. "	5,520			
Füs. "	10,060			
Füsilier-Bataillon Lippe-Detmold	8,450			
Westph. Feld-Art.-R. Nr. 7, 3. 12pf. Batt.	—	99	19	Von den Batterien des
3. 6pf. "	—	153	22	Corps Manteuffel sind
3. 4pf. "	—	384	—	außerdem abgefeuert:
4. 4pf. "	—	184	—	bei Friedrichshall 7, bei
3. reit. "	—	72	—	Hausen 120 Schüsse.
Summa	109,342	892	41